Ian Baxter

DER DEUTSCHE PANZERKRIEG

1939–1945

Ian Baxter

DER DEUTSCHE PANZERKRIEG

1939–1945

VERLEGT BEI
KAISER

Titel des englischen Originals: »Ian Baxter/German armoured warfare of World War II.
The unpublished photographs 1939–1945«
Einzig berechtigte Übertragung aus dem Englischen: Mag. Edith March
Fachlich redigiert: Hans Kaiser

Bildnachweis:
Martin Kaludow: 32 (o), 52, 53 (o), 55, 59, 67, 76, 83 (u), 84 (u), 88 (o), 89 (u), 94, 101 (o), 111 (o), 111(u), 123 (u), 127 (u), 161 (o), 170, 171 (o), 194 (o), 194 (u), 195 (o), 217 (o).
Robert Michulec: 7, 22 (o), 22 (u), 34 (u), 35 (u), 36, 42 (o), 43 (beide), 45 (o), 50 (u), 51 (o), 186 (beide), 187 (beide), 188 (beide), 189 (u), 207 (o).
Sergey Zborski: 21 (u), 31 (o), 37 (u), 56 (u), 57, 91 (beide), 101 (u), 167 (o).
Alle anderen Fotos: HITM Picture Archive

Deutsche Erstausgabe

Einbandgestaltung: Volkmar Reiter
Satz: Context Type & Sign Pink, St. Veit/Glan
Druck und Bindearbeit: Gorenjski Tisk, Kranj-Slowenien

Inhalt

KAPITEL 1

DIE PANZERDIVISION

Die deutsche Panzerwaffe im Zweiten Weltkrieg

Links: Verschiedene Fahrzeuge, darunter Panzer, Halbkettenfahrzeuge, Horch-Geländewagen und andere Unterstützungsfahrzeuge, verteilen sich als Vorsichtsmaßnahme gegen einen sowjetischen Luftangriff über die weite russische Steppe. Die hier abgebildeten Fahrzeuge wurden alle mit dem Sommertarnmuster versehen, üblicherweise grüne und braune Linien und Flecken auf dunkler Sandfarbe. Bis zum Wintereinbruch erhalten die Fahrzeuge den weißen Wintertarnanstrich.

Im Oktober 1935 stellte die Panzerwaffe die ersten drei Panzerdivisionen auf. Anfangs setzte sich eine Panzerdivision aus zwei Panzerregimentern zusammen. Diese Regimenter waren in zwei Bataillone unterteilt, die wiederum aus vier Kompanien mit 32 leichten Panzern bestanden. Die Gesamtstärke der Division belief sich einschließlich der Befehlswagen auf etwa 560 Panzer. Bis 1940 umfasste eine typische Panzerdivision den Divisionsstab, zwei Panzerregimenter, drei vorwiegend mit Halbkettenfahrzeugen und gepanzerten Geländewagen ausgestattete Schützenregimenter, Nachrichtenabteilung, Pioniere, Aufklärungsabteilung, Artillerieregiment, Kradschützenbataillon, Flakabteilung sowie Versorgungsfahrzeuge, bei denen es sich hauptsächlich um Lastwagen und Transportfahrzeuge handelte. Die Division war ausgerüstet mit erbeuteten tschechischen Pz.Kpfw. 35(t) und Pz.Kpfw. 38(t), Pz.Kpfw. I, Pz.Kpfw. II, Pz.Kpfw. III und Pz.Kpfw. IV sowie einer Vielzahl verschiedener Panzerwagen, schwerer Geschütze, Schlepp- und Zugmaschinen. Sowohl Aufklärungs- als auch Pioniereinheiten waren für den Brückenbau zuständig; dem Artillerieregiment waren Druckerei- und Wetterdiensteinheiten angegliedert.

Ziel dieser neuen Panzerdivisionen des Heeres war nicht die Umfassung des Gegners, sondern dessen Vernichtung auf dem Schlachtfeld, indem unter Ausnutzung der Stärke und Schnelligkeit der Panzerdivisionen ein Durchbruch durch die feindlichen Linien und ein Vorstoß auf wichtige, tief im feindlichen Hinterland liegende Ziele versucht wurde. Die entscheidende Waffe bei dieser neuen Art der Kriegsführung waren zweifellos die in großer Zahl eingesetzten Panzer der Panzerdivisionen. Die Panzer stießen in schnellem Tempo auf ihre strategischen Ziele vor, die restlichen Divisionseinheiten folgten durch die von ihnen geöffnete Lücke. Dann rückten Panzerwagen, Kräder und Aufklärungseinheiten nach vorne, die motorisierten Schützenbataillone folgten knapp hinter den Panzern und waren jederzeit darauf vorbereitet, beim geringsten Anzeichen von Widerstand im betreffenden Divisionsabschnitt tätig zu werden. Panzerabwehrkanonen (Pak) unterbanden Gegenangriffe feindlicher Panzer.

Zum Zeitpunkt der Mobilmachung im August 1939 waren die fünf Panzerdivisionen, die für den im September geplanten Überfall auf Polen vorgesehen waren, noch immer zu schwach bewaffnet und gepanzert und besaßen gerade genügend Panzer für die Ausrüstung von drei ihrer vier Panzerkompanien. Die Panzerdivisionen waren den veralteten polnischen Panzereinheiten zwar überlegen, einen deutlichen Vorteil hatten sie aber nur durch ihre Feuerleitgeräte und die Funkverbindung der Panzer untereinander. Wie später beim Westfeldzug von 1940 und an der Ostfront 1941

Links: Ostfront Juli 1941 – in der Mittagshitze rollt eine Sturmgeschützbatterie auf einem der zahlreichen Feldwege, die die russische Landschaft durchziehen, Richtung Frontlinie. Die Situation und das Gelände in diesem Gebiet, besonders in Russland, verlangten immer öfter die Unterstützung der Sturmgeschütze durch Versorgungstruppen, deren Fahrzeuge im Hinterland blieben, wenn die Sturmgeschütze vorrückten oder die feindlichen Linien durchbrachen. Im Russlandfeldzug wurden die Sturmgeschütze den Infanteriedivisionen in den einzelnen Kampfgebieten zugeteilt.

lag der Hauptvorteil der Deutschen während der Invasion in Polen nicht in der Ausrüstung der Panzerdivisionen, sondern in der Art ihres Einsatzes auf dem Schlachtfeld.
In Polen kamen die fünf Panzerdivisionen gegen eine tapfere, aber schlecht ausgerüstete und veraltete polnische Armee zum Einsatz. Es war offensichtlich, dass ihre Kavallerie- und mechanisierten Einheiten es nicht einmal mit den leichtesten deutschen Panzern aufnehmen konnten. Dennoch verloren die Deutschen in dem dreiwöchigen Feldzug 213 von den 2100 gegen Polen eingesetzten Panzer, davon beim versuchten Sturm auf Warschau 57 an einem einzigen Tag. Noch schwerwiegender als der Verlust von Panzern im Kampf war die hohe Ausfallsrate aufgrund technischer Mängel, durch die 25 Prozent auf einmal ausfielen. Diese Situation hatte sich noch nicht gebessert, als die Panzerwaffe 1940 mit zehn Panzerdivisionen gegen den Westen antrat. Von den 2574 Panzern waren nur 627 vom Typ der schweren Pz.Kpfw. III und Pz.Kpfw. IV, und bei 1613 handelte es sich um die veralteten Pz.Kpfw. I und II. Dennoch waren die Panzerdivisionen, mit der knapp dahinter folgenden Armee, in nur fünf Wochen über Frankreich bis zur Kanalküste vorgeprescht, und Deutschland winkte schon der Sieg.
Die Panzer hatten sich bewährt und nicht nur das dortige Gelände gemeistert, sondern auch einen Sieg über die alliierten Panzer errungen. Die britischen und französischen Panzerbesatzungen schlugen sich tapfer, doch im Endeffekt entschieden fast immer die überlegenen Fähigkeiten und Techniken der deutschen Panzertruppe über den Ausgang. Als am 22. Juni 1940 der deutsche Sieg mit einem Waffenstillstand besiegelt wurde, galten die Panzertruppen und ihre mächtigen Panzerdivisionen unter den Wehrmachtssoldaten bereits als Helden. Sie hatten in einem nur 13 Tage dauernden Blitzkrieg mehr als 250.000 Gefangene gemacht und die Bedeutung des Einsatzes von Panzern an vorderster Kampffront aufgezeigt. Infolgedessen musste die Panzerwaffe nun wohl als der Infanterie ebenbürtig angesehen werden. Nach dem Sieg über den Westen beharrte Hitler stärker denn je auf dem Ausbau der Panzerwaffe und forderte die Steigerung der Panzerproduktion auf das Fünffache.
Nur Wochen später begann Hitler, in euphorischer Stimmung durch den Triumph über die Alliierten, Pläne für einen Feldzug gegen Russland zu schmieden. Guderian war bestürzt, doch Hitler versicherte ihm, er wolle die Zahl der Panzerdivisionen für die kommende Schlacht verdoppeln. Bald darauf erhöhte er die Zahl der Panzerdivisionen von zehn auf 21, indem er die Panzerstärke jeder Division halbierte, womit der Kern jeder neuen Panzerdivision aus einem einzigen Panzerregiment mit rund 150 bis 200 Kampfwagen gebildet wurde: Hitler, dem der Erfolg im Westen zu Kopf gestiegen war, war nun überzeugt, dass eine Panzerdivision mit einem einzigen Panzerregiment im Feld genauso stark war wie mit zwei Regimentern.
Das war ein fataler Irrtum seinerseits, insbesondere weil die Rüstungsfabriken nicht auf die Serienproduktion von Panzern vorbereitet waren. In der ersten Hälfte von 1941 stellte schon die Produktion von mehr als 200 pro Monat ein ernsthaftes Problem dar. Bis Anfang Juni 1941 wurden für den Krieg gegen die Sowjetunion insgesamt 5262 Panzer gebaut, davon 4198 Frontpanzer, und von dieser Gesamtzahl waren

Unten: Einige Pz.Kpfw. III Ausf. F nehmen an der Ostfront Aufstellung, 1941. In dieser frühen Phase des Feldzugs trugen die meisten Panzer noch immer ihren alten grauen Tarnanstrich. Einige Panzerbesatzungen versuchen durch Befestigen von Blattwerk die Fahrzeugumrisse aufzulösen. Diese Panzer tragen immer noch die frühen taktischen Zeichen: weiße Nummern auf einem schwarzen rautenähnlichen Metallschild. Diese mit einer 3,7-cm-KwK L/46,5 bestückten Panzer wurden bis 1942 intensiv eingesetzt, dann wurden sie ausgemustert und dienten als Ausbildungsfahrzeuge für Neuzugänge.

Oben: Eine Gruppe von Pz.Kpfw. I rollt während des Einsatzes an der Westfront im Mai 1940 über ein Feld. Der Pz.Kpfw. I war bis zum Zeitpunkt des deutschen Angriffs auf die Niederlande und Frankreich noch im Dienst. Die Fahrzeuge rücken in enger Formation vor, was darauf schließen lässt, dass die Luftherrschaft errungen wurde. Während der Invasion in den Niederlanden und in Frankreich gelang den Panzerdivisionen durch den Einsatz starker Kräfte und die Aufrechterhaltung des Schwungs der Durchbruch durch die feindlichen Linien, um dann auf wichtige Ziele vorzustoßen, die weit im feindlichen Hinterland lagen.

nur 1404 die stärker bewaffneten und gepanzerten Pz.Kpfw. III und IV. Es schien, als ob nun der Masse der Vorrang vor der Qualität gegeben wurde, und damit war das Ende der Panzerdivisionen auch schon vorprogrammiert.

In der dritten Juniwoche 1941 war die Panzerwaffe in der Lage, für die für den Überfall auf die Sowjetunion aufmarschierte Armee rund 3000 Panzer einzusetzen. Diese wurden auf 19 Panzerdivisionen, zehn motorisierte Infanteriedivisionen, vier motorisierte SS-Divisionen, das motorisierte Regiment »Großdeutschland« und ein paar unabhängige Sturmgeschützeinheiten aufgeteilt. Ohne Zweifel hatte die Mobilität und Schlagkraft der Panzerdivisionen und anderer unabhängiger Verbände die Befehlshaber zu der Überzeugung gebracht, dass Deutschland innerhalb von vier Monaten nach dem Angriff auf die Sowjetunion als Sieger hervorgehen würde. Doch die weiten Entfernungen, die die Panzer und andere Fahrzeuge zurücklegen mussten, und die enormen logistischen Probleme bereiteten dem Heer ernsthafte Schwierigkeiten, besonders als sich das Wetter änderte und die Sowjets immer hartnäckiger Widerstand leisteten.

Theoretisch lag der Vorteil gänzlich auf Seiten der starken Panzerdivisionen. Die Panzerwaffe hatte anfangs ja auch spektakuläre Ergebnisse erzielt und fast eine halbe Million russischer Soldaten in einem Monat eingeschlossen, doch die Panzer und motorisierten Divisionen hatten die unendliche Weite der Sowjetunion immer noch vor sich – und das waren Tausende von Kilometern. Je tiefer die Panzer nach Russland vordrangen, desto schlechter wurde der Zustand der Straßen und Feldwege; schwere Niederschläge verwandelten sie in regelrechte Schlammwüsten, in denen die Panzerfahrzeuge stecken blieben.

Im Oktober und November 1941 standen die Panzerdivisionen noch immer tief im Inneren Russlands im Kampf. Der Gegner leistete erbitterten Widerstand, und bald bekamen die Soldaten es mit einem weiteren Gegner zu tun – dem rauen russischen Winter, auf den kein Soldat vorbereitet war. Viele Einheiten wurden auf die Hälfte ihrer Stärke reduziert, und die Panzerkräfte besaßen nur noch zwei Fünftel ihrer Anfangsstärke. Die Verpflegung wurde rationiert, Munition und Treibstoff für die Panzer gingen aus, und immer noch war keine Winterbekleidung eingetroffen. Bis Ende 1941 waren die ausgelaugten Panzerdivisionen nicht mehr kampftauglich. Zum Glück waren für den Winter keine mobilen Operationen vorgesehen. Und als die Frontlinien im Schnee erstarrten, wurden die meisten Panzerdivisionen aus der Front genommen und nach Frankreich verlegt, um sich neu zu formieren.

In Deutschland trieb man indes hektisch die Aufstellung weiterer Panzerdivisionen voran, zudem wurden motorisierte Divisionen in Panzergrenadierdivisionen umgewandelt. Für 1942 wurden weitere drei Panzerdivisionen, Nr. 22, 23 und 24, aufgestellt. Die Ausrüstung der neuen Panzerdivisionen ging aufgrund der massiven Verluste an der Ostfront jedoch nur sehr langsam voran. Bis zu Beginn der Sommeroffensive im Mai 1942 waren noch nicht alle für den Einsatz voll ausgerüstet. Alle drei neu gebildeten Panzerdivisionen wurden im Süden eingesetzt, wobei die am besten ausgerüsteten Panzerdivisionen für den Angriff auf den Kaukasus in der Heeresgruppe Süd zusammengefasst wurden. Die neuen Divisionen wiesen zusammen eine Stärke von 495 Panzern auf, davon wurden 181 der 24. Panzerdivision zugeteilt.

Im September 1942 wurden weitere zwei Panzerdivisionen zur Verstärkung der Kräfte an der Ostfront gebildet. Im Januar 1943 gingen die 14., 16. und 24. Panzerdivision jedoch bei Stalingrad verloren. Das Ende in Russland schien unvermeidlich, doch Hitler war entschlossen, der arg dezimierten Panzertruppe so viele Ressourcen wie möglich zukommen zu lassen. Dann erfolgte ein weiterer schwerer Schlag für die Panzereinheiten: Im Mai 1943 gingen in Tunesien die 10., 15. und 21. Panzerdivision mit der Kapitulation der deutschen Kräfte in Nordafrika verloren. Nur die 21. Panzerdivision sollte umgebildet werden.

Das Frühjahr 1943 hatte die Panzerwaffe mit dem Ausbau ihrer Stärke verbracht, sodass sie im Sommer 24 Panzerdivisionen an die Ostfront entsenden konnte. Vier Panzerdivisionen kamen auch in Italien und Sizilien zum Einsatz, fünf Panzerdivisionen, darunter drei neue SS-Panzerdivisionen, waren in Frankreich stationiert, und eine, die 1. Panzerdivision, stand auf dem Balkan. Bis Juni 1943 standen 21 Panzerdivisionen, darunter vier SS-Divisionen und zwei Panzergrenadierdivisionen der Wehrmacht, für das Unternehmen »Zitadelle« bereit. Für diese gewaltige Panzerschlacht – die größte des Zweiten Weltkriegs – war die Panzerwaffe in der Lage, rund 17 Divisionen und zwei Brigaden mit nicht weniger als 1715 Panzern und 147 Sturmgeschützen (StuG. III) aufzubieten. Jede Division verfügte im Schnitt über 98 Panzer und Geschütze auf Selbstfahrlafetten, Pak-Selbstfahrlafetten nicht mitgerechnet. Die Aufbietung einer solchen Stärke war eine gewaltige Leistung, dennoch war die Panzerdivision 1943 nur noch ein Schatten der starken Kampftruppe der Jahre 1941 und 1942. Es war daher nicht überraschend, dass der Panzertruppe ein Durchbruch durch die starken russischen Verteidigungsstellungen nicht gelang. Die bei Kursk erlittenen Verluste der Panzerdivision waren so groß, dass die Wehrmacht ihren langsamen Rückzug nach Deutschland antreten musste. Den Sowjets war die Vernichtung von 30 Divisionen gelungen, darunter sieben Panzerdivisionen. Die deutschen Verstärkungen reichten nicht aus, um die dramatischen Verluste auszugleichen, daher kämpften sie unter ihrer Sollstärke.

In der zweiten Hälfte des Jahres 1943 und Anfang 1944 schnellten die Verluste der Panzerdivisionen weiter in die Höhe, ja sie erreichten sogar ein solches Ausmaß, dass sie jene von Kursk überstiegen. Sowohl an der Front im Osten als auch in Italien befanden sich die Panzerdivisionen auf dem Rückzug. Bis Juni 1944, als die Alliierten mit der Operation »Overlord« eine zweite Front in Europa errichteten, hatte die Panzerwaffe in zwölf Monaten rund 7500 Panzer und Geschütze auf Selbstfahrlafetten verloren. Trotz der Verluste waren in Frankreich neun Panzerdivisionen mit 1673 Panzern und Sturmgeschützen stationiert. An der Ostfront standen 16 Panzerdivisionen mit 1390 Panzern und in Italien zwei Divisionen mit rund 350 Panzern. Innerhalb von zwei Monaten nach der alliierten Landung in der Normandie hat-

Unten: Ende Mai 1940, Nordfrankreich – die 7. Panzerdivision auf dem Vormarsch. Über die Landschaft verteilt stoßen verschiedenste Fahrzeuge Richtung Kanalküste vor. Opel-Blitz-Lastwagen und Horch-Geländewagen folgen ein paar Kilometer hinter den Hauptangriffsspitzen. Die schweren Horch-Geländewagen sind mit MG 34, mit leichtem Dreifuß 34 und 50-Schuss-Gurttrommel sowie optischer Zielvorrichtung ausgerüstet.

Oben: Pz.Kpfw. 38(t) rücken während des Frankreichfeldzugs über Nordfrankreich vor. Diese von den Tschechen gebauten Panzer waren in den frühen Kriegsjahren die Hauptpanzer der Deutschen. Mit einer 3,7-cm-Kanone als Hauptwaffe und zwei tschechischen 7,92-mm-MG 37 (ein koaxiales und ein in die Wanne eingebautes) konnten sie die langsamen französischen Panzer überflügeln und mit Leichtigkeit deren schwächere Seitenpanzerung sowie die Ketten knacken. Die großen taktischen Zahlen an der Turmseite sind rot mit weißer Umrandung. Der Panzer mit dem taktischen Zeichen »102« ist ein Befehlspanzerwagen.

ten die britischen und amerikanischen Kräfte die im Westen konzentrierten Panzerdivisionen aber praktisch vernichtet. Der Großteil der schweren Panzer, wie Tiger und Panther, ging verloren, so auch die meisten Flakpanzer und schweren Lastwagen, Geschütze und das Gros der Ausrüstung.
Selbst nach der gescheiterten Ardennenoffensive im Dezember 1944 führten die meisten Panzerdivisionen die Kämpfe bis in die letzten Kriegstage fort. Bis dahin waren die Panzerdivisionen dermaßen erschöpft, dass in aller Eile aus verschiedenen Gruppen Divisionen zusammengestellt wurden. Mit zu wenig Treibstoff und oft mit der falschen Munition versorgt, machte sich unter den Mannschaften Resignation breit.

Als Anfang Mai 1945 das Ende für die Panzerwaffe kam, verfügte sie nur noch über 2023 Panzer, 738 Sturmgeschütze und 159 Flakpanzer. Das waren ungefähr die Zahlen, mit denen 1941 der Überfall auf die Sowjetunion erfolgte, nur dass die Situation vier Jahre später ganz anders aussah. Unterminiert von den gravierenden Versorgungsmängeln, war die Panzertruppe nicht mehr in der Lage, dem alliierten Angriff mit zwei Zangenarmen standzuhalten. Die Panzerdivision überlebte den Krieg, aber von der schlagkräftigen Waffe, die in den frühen Feldzügen von 1939 und 1940 so siegreich war, war nichts mehr zu erkennen.

Rechts: Diese nach dem siegreichen Frankreichfeldzug gedruckte deutsche Propagandapostkarte zeigt eine Luftaufnahme einer Kolonne von Pz.Kpfw. 38(t) auf dem Weg zur Front. Dahinter sind Halbkettenfahrzeuge und Horch-Geländewagen sowie Seitenwagenmaschinen zu sehen. Bis zum Sommer 1940 waren die Panzertruppen und ihre mächtigen Panzerdivisionen zu Helden unter den Wehrmachtssoldaten geworden. Die Panzerwaffe sollte durch ihren Erfolg zum ebenbürtigen Partner der Infanterie aufsteigen.

Oben: Eine weitere Propagandapostkarte, die nach dem siegreichen Westfeldzug in ganz Deutschland verteilt wurde. Diese Luftaufnahme zeigt Panzerfahrzeuge beim Überqueren einer intakten Brücke, vermutlich in Belgien. Die britischen und französischen Panzerbesatzungen kämpften tapfer, aber vergeblich. Drei Tage nach dem ersten Angriff auf die Niederlande hatten die Panzer die Maas erreicht und drängten die überrumpelten britischen und französischen Kräfte zurück.

Rechts: Die spätere Phase des Frankreichfeldzugs. Bei einer Übersetzstelle bringen deutsche Soldaten einer nicht bekannten Panzerdivision Männer und Ausrüstung auf Pontonflößen über den Fluss. Die so wichtige schwere Ausrüstung, besonders die Panzer, mussten ans andere Ufer gebracht werden, da blieb den Männern nichts anderes übrig, als sie mit Muskelkraft mühsam über den Fluss zu manövrieren. Die Soldaten am diesseitigen Ufer gehören zu den Gebirgsjägern.

Oben: Über einem Fluss in Belgien wurde eine Pontonbrücke für leichte und mittlere Horch-Geländewagen sowie Opel-Blitz-Lastwagen errichtet, damit diese ihren Vormarsch im Gefolge der Panzerspitzen fortsetzen können. Trotz der enormen Fahrzeugknappheit bei den Panzerdivisionen gab es nicht weniger als 100 verschiedene handelsübliche Lastwagentypen. Vorsichtig fährt ein Kradfahrer auf seiner BMW R75 am Brückenrand entlang. Diese Truppen gehören zur 1. Gebirgsdivision, die als Teil der 1. Panzerarmee im Frühjahr 1942 im Raum Donez kämpfte.

Unten: Anfang Herbst 1941, Westrussland – ein Konvoi leichter Horch-Geländewagen beim Transport von Soldaten auf einem unbefestigten Weg. Die beiden Soldaten mit den Signalkellen sind wahrscheinlich Angehörige einer Feldgendarmerieeinheit. Auf diese Weise wurde der Verkehr geregelt, indem den Fahrern oder anderen Angehörigen der Feldgendarmerie Zeichen gegeben wurden. In diesem Fall haben die Fahrer das Signal für die Weiterfahrt erhalten. Der Straßenzustand ist jedoch durch die schweren Fahrzeuge äußerst desolat.

Links: Ende Mai 1940, Nordfrankreich – eine Kolonne von Halbkettenfahrzeugen Sd.Kfz. 251 passiert ein StuG. III Ausf. A. An dem in Weiß aufgemalten taktischen Zeichen am linken Kotflügel ist zu erkennen, dass dieses Fahrzeug zur 1. Panzerdivision gehört. Der Buchstabe »G« auf dem rechten Scheinwerferüberzug ist der Anfangsbuchstabe ihres Kommandeurs, General Heinz Guderian. Die 1. Panzerdivision bildete die Spitze des deutschen Vormarsches durch die Ardennen und traf in der frühen Phase des Westfeldzugs auf beträchtlichen Widerstand.

Oben: Ein ungewöhnliches Grab als letzte Ruhestätte von drei Besatzungsmitgliedern eines Halbkettenfahrzeugs Sd.Kfz. 250, die bei den Kämpfen in Russland Mitte 1943 fielen: ein Fahrzeugteil und drei Stahlhelme. Die ersten Soldatengräber dieser Art waren russische. Unter den Wehrmachtssoldaten waren solche Ruhestätten für ihre Gefallenen weiterhin selten, obwohl einige Einheiten, besonders jene der Panzerwaffe, dies als Zeichen des Respekts für die Toten übernahmen.

Oben: Im Schutz einiger Bäume bleibt Panzermännern Zeit für eine Rast und ein Tässchen Tee (vermutlich aus einer erbeuteten Teekanne). Einer der Offiziere von Rommels 7. Panzerdivision trägt noch immer die schwarze Offiziersfeldmütze der Panzertruppe. Die Offiziersfeldmütze wurde sehr gerne getragen, weil sie gut aussah und bequem war. Außerdem ließ sie sich im Panzerinneren mit den Kopfhörern tragen, ohne dabei ihre typische Form zu verlieren. Die Abzeichen auf der Panzerfeldmütze waren Reichsadler und Kokarde.

Rechts: Ein Pz.Kpfw. III Ausf. G, bestückt mit einer starken 5-cm-KwK L/42, rückt nach schweren Kämpfen in einer unbekannten Stadt weiter über die russische Steppe vor. Der Panzer war zusätzlich mit zwei 7,92-mm-MG 34 (eines in der Wanne, eines koaxial) ausgerüstet. Er wog 22,2 t und hatte eine Fünfmannbesatzung. Deutlich zu erkennen sind die Behälter am Heck des Panzers. Mit den immer höheren Verlusten an Transportfahrzeugen war die Wehrmacht bei der Beförderung von Verpflegung und Ausrüstung häufig auf Panzerfahrzeuge angewiesen.

Oben: Juli 1943, Kursk – russische Gefangene werden abgeführt. Im Hintergrund sind einige Panzerfahrzeuge über die Steppe verteilt. Die Schlacht im Kursker Bogen war der Schwanengesang der Panzerwaffe. Insgesamt konnten die Deutschen 17 Divisionen und zwei Brigaden mit nicht weniger als 1715 Panzern und 147 StuG. III aufstellen. Jede Panzerdivision besaß im Schnitt 98 Panzer und Geschütze auf Selbstfahrlafetten, Panzerabwehrkanonen auf Selbstfahrlafetten nicht mitgezählt.

Oben: An der Ostfront halten zwei Pz.Kpfw. III in einem Dorf. Diese Aufnahme wurde vermutlich von Angehörigen der Heeresgruppe Mitte im Frühjahr 1942 gemacht. Bis dahin hatte die Wehrmacht ihre Chance auf einen Sieg bereits vertan, weil ihre Mobilität auf Rad- anstatt auf Kettenfahrzeugen beruhte: Panzerkräfte mit Kettentransportfahrzeugen hätten trotz der schlechten Straßen die wesentlichen russischen Abschnitte lange vor den Herbstniederschlägen überrennen können. Bis Ende 1941 hatte die Panzerwaffe die völlige Überlegenheit, doch im folgenden Jahr änderte sich die Lage. General Heinz Guderian versuchte deshalb verzweifelt, sowohl die Produktion von Pz.Kpfw. III und Pz.Kpfw. IV als auch die Verstärkung der existierenden Panzer voranzutreiben.

Oben: General Erwin Rommel, berühmt als »Wüstenfuchs«, erläutert Angehörigen seines Stabes die nächsten Züge seiner Panzertruppe in der nordafrikanischen Wüste, 1942. Rommel war vielleicht der größte Militärtaktiker des Zweiten Weltkriegs, und hier in Nordafrika, wo er auch seine größten Erfolge erringen sollte, wurde er berühmt als einer, den nichts aufhalten konnte. Er hatte sich bereits 1940 einen Namen gemacht, als seine berühmte 7. Panzerdivision wie eine Dampfwalze über Frankreich zum Sieg rollte.

Rechts: Nordafrika – ein Panzermann bei einer Ruhepause auf der Motorabdeckung eines Pz.Kpfw. III., denn die Panzer waren äußerst unbequeme Fahrzeuge. In der Wüste machte die drückende Hitze den Dienst in einem Panzer fast unerträglich. Viele Panzerbesatzungen versahen ihren Dienst nur mit kurzen Hosen und Leinenschuhen bekleidet und verbrachten die Kampfpausen außerhalb ihrer glühend heißen Stahlboxen. Am abgebildeten Panzer wurde eine behelfsmäßige Antenne angebracht, außerdem eine Wäscheleine und eine an der Seite befestigte Plane, die der Besatzung ein bisschen Schatten in der glühenden Sonne spenden soll.

Oben: Ein Pz.Kpfw. III hält irgendwo in der westlichen Sahara, 1942. Hinten über dem Motorraum sind die verschiedensten Vorräte verstaut. In Nordafrika stellte der Pz.Kpfw. III beim Angriff die Hauptschlagkraft dar. Mit seiner starken 5-cm-KwK war er gegenüber anderen in der Wüste eingesetzten Panzern im Vorteil. Das weite Wüstengebiet wurde von den Panzern bestens ausgenutzt. Sie rückten in Massenformationen vor, in Reihen mit Abständen und mehreren Wellen. Die relativ engen Formationen waren für die Panzerbesatzungen leichter zu führen als die weit verstreuten.

Oben: Ein mit einer 5-cm-KwK bestückter Pz.Kpfw. III auf einer staubigen Straße in Nordafrika, 1942. Der Pz.Kpfw. III bewährte sich nicht nur in der nordafrikanischen Wüste, sondern war auch auf anderen Kriegsschauplätzen erfolgreich. In den ersten Kriegsjahren war der Pz.Kpfw. III der Hauptkampfpanzer der Panzerdivisionen und 1942 der am zahlreichsten eingesetzte beim Afrikakorps. Um diese Zeit herum begann man als Reaktion auf die immer häufigeren Zusammenstöße mit überlegenen alliierten Panzern mit der Entwicklung neuer Panzer sowie der Nachrüstung existierender Modelle. So wurde zum Beispiel eine Ausführung des Pz.Kpfw. III mit einem Infanteriegeschütz bestückt, das ursprünglich zur Ausrüstung des Pz.Kpfw. IV diente.

Rechts: Ein Flakpanzerkampfwagen IV (2-cm-Flakvierling 38) Sd.Kfz. 161/4, bekannt als »Wirbelwind«. Diese Fahrzeuge beruhten auf dem Fahrgestell eines Pz.Kpfw. IV und erhielten eine starke Panzerung an der Wannenfront. Bis Juli 1944 wurden 17 davon fertig gestellt und bis September 1944 an verschiedene Einheiten zugeteilt. Dieser »Wirbelwind« hier wurde mit Blattwerk gut getarnt. Bis zu dieser Kriegsphase hatten die Alliierten praktisch alle im Westen konzentrierten Panzerdivisionen vernichtet. Zwischen Juni und September 1944 wurden Berichten zufolge über 1600 Panzer, Geschütze auf Selbstfahrlafetten und Panzerjäger allein an der Westfront völlig zerstört.

Unten: An der Ostfront, Spätsommer 1941. Die Besatzung eines Pz.Kpfw. 38(t), nachdem ihr Panzer vom Zug geladen wurde. Der 38(t) wurde in den ersten Kriegsjahren häufig eingesetzt und kam auch am Anfang der Invasion in Russland umfassend zum Einsatz. Seine Bewaffnung war jedoch viel zu schwach, deshalb wurden verschiedene Umbauten vorgenommen, wie zum Beispiel Flammenwerferpanzer, bei denen das Maschinengewehr in der Wanne durch einen Flammenwerfer ersetzt wurde. Außerdem gab es Versionen mit zusätzlichem Panzerschutz und einer deutschen 3,7-cm-KwK 35/36 L/46,5. Durch den immer dringenderen Bedarf an schwereren Panzern und stärkeren Waffen wurde der Pz.Kpfw. 38(t) jedoch ab 1942 nur noch für Aufgaben wie Aufklärung oder dem Dienst in Panzerzügen herangezogen.

Rechts: Ende Sommer 1941, auf der Straße nach Moskau. Diese Fahrzeuge – Horch-Geländewagen, Zugkraftwagen und eine Seitenwagenmaschine – gehören zu General Heinz Guderians Panzergruppe II der Heeresgruppe Mitte. Guderians Panzergruppe verfügte über die größte Zahl deutscher Infanterie- und Panzerdivisionen der drei am Angriff auf die Sowjetunion im Juni 1941 beteiligten Heeresgruppen. Die drei Panzerkorps besaßen zusammen rund 930 Panzer. Der Buchstabe »G«, in Weiß auf dem rechten Kotflügel eines leichten Horch-Geländewagens, gibt die Zugehörigkeit zu Guderians Panzergruppe an.

Oben: Ein StuG. III mit aufgesessenen Panzergrenadieren rollt durch die verwüstete Innenstadt von Stalingrad, September 1942. Vorne am Sturmgeschütz sieht man einen mit einem MG 34 bewaffneten MG-Schützen. Obwohl die Panzerfahrzeuge im Städtekampf weniger erfolgreich waren als bei Operationen im offenen Gelände, entwickelte sich das Sturmgeschütz zu einer wichtigen Waffe, die die eigene Infanterie oder die Panzertruppen überallhin begleiten konnte. Während der frühen Kämpfe bei Stalingrad gaben die Sturmgeschütze der schlagkräftigen Infanterie wertvolle Unterstützung. Die Hauptaufgabe der Sturmgeschütze bestand in erster Linie in der Unterstützung der Infanterieangriffe. Durch ihre niedrige Silhouette hatten sie eine größere Überlebenschance und waren durch ihre Einsetzbarkeit sowohl gegen Weichziele als auch Panzer eine starke Infanteriewaffe. Das als Nahunterstützungswaffe ausgelegte Fahrzeug führte Spreng- und Rauchgranaten sowie panzerbrechende Granaten mit.

Oben: Ein Panzermann der Waffen-SS wird beglückwünscht, nachdem er für seine Tapferkeit im Feld mit dem Ritterkreuz ausgezeichnet wurde. Er trägt die Feldmütze M43 der SS-Panzertruppe mit Totenkopfsymbol sowie die zweiteilige schilfgrüne Einheitsschutzkleidung, die vor Januar 1944 an alle Waffen-SS-Besatzungen ausgegeben wurde.

Rechts: Wie bei allen Panzern hing die Effektivität ihrer Hauptbewaffnung von der Durchschlagskraft ihrer panzerbrechenden Munition ab. Die Besatzungen mussten daher unbedingt mit Geschosstypen ausgerüstet sein, die mit jeder Bedrohung fertig wurden. Hier werden Granaten vorsichtig durch die Luke eines Tigers geladen. Die Hälfte der insgesamt 92 Granaten waren Panzersprenggranaten mit Leuchtspur, während es sich beim Rest um gewöhnliche Sprenggranaten handelte. Wenn verfügbar, verwendeten die Besatzungen auch Hochgeschwindigkeits-Treibspiegelgranaten mit Wolframkern, hauptsächlich gegen die schwersten russischen Panzer und Panzerjäger.

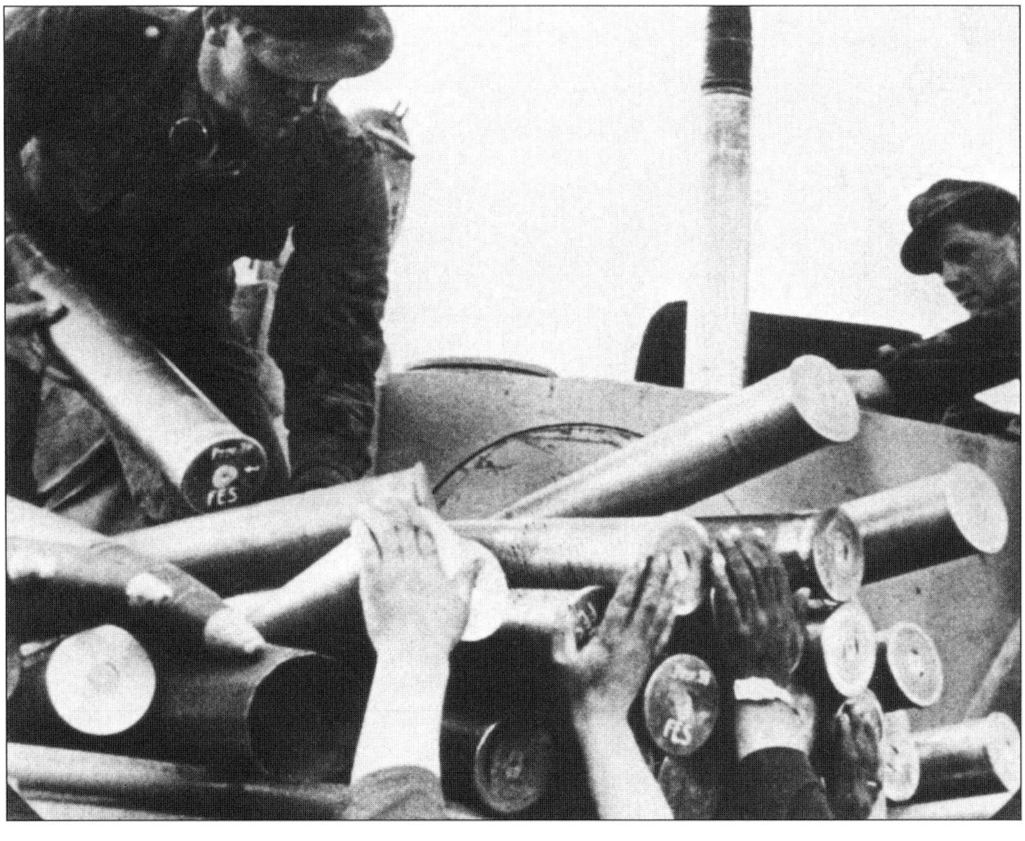

Rechts: Soldaten und Fahrzeuge von General Guderians 1. Panzerdivision in den Ardennen. Die Pioniere bereiten die Errichtung einer Pontonbrücke über den Fluss vor. Auf der Plattform im Vordergrund befindet sich eine Flakeinheit mit einer leichten 2-cm-Flak. Im Hintergrund hat ein Sd.Kfz. 251 gerade den Fluss an einer seichten Stelle durchquert. Hinter dem Halbkettenfahrzeug wagen zwei Opel-Blitz-Lastwagen ebenfalls eine Flussdurchquerung.

Unten: Auf der Straße nach Dünkirchen ist ein deutscher Offizier von seiner BMW-Seitenwagenmaschine abgestiegen, in der er Beifahrer war und nun vermutlich auf den Fahrer wartet. Er trägt den zweireihigen gummierten Kradmantel, der an alle Soldaten ungeachtet ihres Ranges ausgegeben wurde. Außerdem trägt er die Offiziersschirmmütze des Heeres. Bis 1940 gehörte zur typischen Panzerdivision ein großes Kradschützenbataillon, das verschiedene Aufgaben erhielt, darunter Aufklärung und Kommunikation. Es wurde auch im Kampf eingesetzt, wobei die Soldaten ins Kampfgebiet fuhren und zum Kämpfen abstiegen. Auf weichem Boden oder schlechten Straßen erwies sich das Krad weitgehend als unbrauchbar. Außerdem waren die Fahrer verwundbar für Feuer aus Handfeuerwaffen und Selbstschussfallen. Sowohl in Polen als auch im ersten Frankreichfeldzug war das Wetter jedoch außergewöhnlich gut, sodass die Kradfahrer nicht durch Regen, Schlamm und Schnee behindert wurden, die ein normales Straßennetz in wenigen Minuten in einen Sumpf verwandeln konnten.

KAPITEL 2

DIE WICHTIGSTEN KAMPFPANZER

Die Starken der Panzerwaffe

Die Pz.Kpfw. III, IV, Panther und Tiger bildeten das Rückgrat der Panzerwaffe und waren mit ihrer hervorragenden Kombination aus Feuerkraft, Panzerung und Beweglichkeit den meisten Gegnern weit überlegen.

Links: General Heinz Guderian an der Ostfront, 1941. Einer der brillantesten Panzergeneräle des Zweiten Weltkriegs und jener Mann, der das Konzept des Blitzkriegs formulierte und ein veraltetes Heer zur besten Kampfmaschine seiner Zeit machte.

Gegenüber: August 1942, Südrussland – diese Gruppe von Pz.Kpfw. III gehört zur 16. Panzerdivision, wie am weißen taktischen Divisionszeichen links der Fahrerluke zu erkennen ist.

Pz.Kpfw. III

1936 produzierte Daimler Benz das erste Modell des Pz.Kpfw. III Ausf. E mit einer panzerbrechenden Waffe. Drei leichte Kompanien der Panzerbataillone sollten mit diesem Panzertyp ausgerüstet werden. Für den Antrieb sorgte ein leistungsstarker 12-Zylinder-Vergasermotor Maybach DSO 108 TR mit 11 Liter Hubraum, der eine Höchstgeschwindigkeit von 40 km/h erreichte. Dieser Typ war der erste mittlere Panzer der Panzerwaffe und einer der sechs vor Juli 1940 produzierten Versionen. In spätere Ausführungen wurde der leistungsstärkere Maybach-Motor 120 TR eingebaut. Die Ausführungen A bis F waren mit einer 3,7-cm-Kampfwagenkanone (KwK) L/46,5 bestückt und waren bis 1942 auf allen Kriegsschauplätzen im Einsatz, wurden dann aber ausgemustert und dienten als Ausbildungsfahrzeuge für neue Rekruten.

Im April 1940 wurde der Pz.Kpfw. III Ausf. G in Dienst gestellt und mit der stärkeren 5-cm-KwK L/42 bestückt. Etwa 450 wurden bis Februar 1941 gebaut, daneben verließen weitere 310 Pz.Kpfw. Ausf. H mit zusätzlicher Panzerung die deutschen Fabriken. Eine spätere Ausführung war der Pz.Kpfw. III Ausf. J. Ein paar hundert davon wurden mit 5 cm starker Frontpanzerung versehen, spätere Modelle der Ausf. J erhielten die starke 5-cm-KwK 39 L/60 mit langem Rohr. Insgesamt wurden 2516 Pz.Kpfw. Ausf. J zwischen März 1941 und Juli 1942 produziert.

Zwischen Juni und Dezember 1942 rollte der ebenfalls mit der starken KwK 39 L/60 bestückte Pz.Kpfw. III Ausf. L vom Fließband. Später in diesem Jahr wurde die Ausf. M mit kleineren Änderungen am Fahrgestell in Dienst gestellt, darunter die Einführung seitlich angebrachter Schürzen, die in erster Linie zum Schutz der Räder und Ketten vor Hohlladungsgeschossen dienten. 292 Panzer der Ausf. M wurden zwischen Oktober 1942 und Februar 1943 gebaut. Bis dahin hatte die Panzerwaffe bereits die immer größere Unterlegenheit des Pz.Kpfw. III auf dem Schlachtfeld erkannt, doch die Rüstungsfabriken produzierten weiterhin diesen Typ, um die an der Ostfront erlittenen massiven Verluste auszugleichen. Als letztes Modell des Pz.Kpfw. III wurde die Ausf. N produziert. Diese Version war hauptsächlich für die Nahunterstützung konstruiert und erhielt bald den Beinamen »Sturmpanzer III«. Die Bewaffnung bestand aus einer 7,5-cm-KwK L/24 mit kurzem Rohr, wie sie auch bei den Pz.Kpfw. IV verwendet wurde. 666 Panzer der Ausf. N wurden zwischen Ende 1942 und Ende 1943 gebaut.

Im August 1943 wurde nach dem Bau von rund 5600 Pz.Kpfw. III die Produktion schließlich zugunsten des größeren und stärkeren Pz.Kpfw. IV und des StuG. III eingestellt. Vor Produktionseinstellung hatte der Pz.Kpfw. III aber zweifellos seinen Wert auf dem Schlachtfeld unter Beweis gestellt: er trug zu den glorreichen Erfolgen des deutschen Blitzkriegs von 1940 an der Westfront sowie während der ersten Wochen der Eröffnungsphasen des Unternehmens »Barbarossa« seinen Teil bei. Gegen die hervorragenden

Oben: 1940, während der Invasion in Frankreich, versuchen zwei Pz.Kpfw. IV Ausf. D, sich den Weg durch eine Mauer zu bahnen. Der Pz.Kpfw. IV wurde zum populärsten Panzer des Zweiten Weltkriegs und blieb den ganzen Krieg über in Produktion. Der Panzer wog 17,3 t, frühe Versionen waren mit einer starken 7,5-cm-KwK L/42 (kurz) bestückt.

russischen Panzer wie den mittleren Panzer T-34 und den schweren Panzer KV-1 erwies sich der Pz.Kpfw. III jedoch bald als unzureichend. Die Panzerbesatzungen stellten zu ihrer Verblüffung fest, dass die gerade aus ihrer 5-cm-KwK L/42 abgefeuerte Granate die Frontpanzerung des KV-1 nicht einmal auf kurze Entfernungen durchschlagen konnte und der T-34 mit seiner abgeschrägten Panzerung praktisch immun gegen Beschuss war.

Es war daher nicht überraschend, dass der Großteil dieser Panzer in den Panzerschlachten um Kursk im Juli 1943 außer Gefecht gesetzt wurde. Diese Schlacht war die letzte große Panzerschlacht, an der der Pz.Kpfw. III in großer Zahl teilnahm.

Ein Jahr danach war der Pz.Kpfw. III größtenteils von den Panzerdivisionen zu den Ausbildungseinheiten verlegt worden. Nur eine Hand voll nahm wieder an Kämpfen teil, einige davon in Nordrussland, in den baltischen Staaten und in Norditalien Anfang 1945.

Pz.Kpfw. IV

Der Pz.Kpfw. IV wurde zum populärsten Panzer des Zweiten Weltkriegs und blieb den ganzen Krieg hindurch in Produktion. Er war anfangs gar nicht als das Hauptpanzerfahrzeug der Panzerwaffe vorgesehen, erwies sich aber bald als so vielseitig und effektiv, dass er von allen in diesem Konflikt in Erscheinung tretenden Kampfpanzern der meistproduzierte wurde. Der erste Pz.Kpfw. IV rollte 1936 vom Fließband. Die Ausführung A wog 17,3 t und war mit einer starken 7,5-cm-KwK L/24 mit kurzem Rohr bestückt. Ihr einzigartiger Aufbau ermöglichte eine spätere Nachrüstung des Panzers. 1939 wurde eine neue Ausführung des Pz.Kpfw. IV, die Ausführung D, eingeführt, die sich durch eine stärkere Panzerung auszeichnete.

Nach dem Polen- und dem Westfeldzug, wo dieser Panzer seine Feuertaufe erlebte, befahl Hitler eine Steigerung der Produktion von Pz.Kpfw. IV. Daraufhin wurden zwischen Dezember 1940 und Mai 1941 einige Panzer der Ausf. E in Dienst gestellt. In diesem Zeitraum arbeiteten die Panzerkonstrukteure bereits an einem weiteren Entwurf eines Pz.Kpfw. IV, der Ausf. F1. Die Produktion dieses Panzers war eine unmittelbare Antwort auf die schwereren alliierten Panzer, auf die man 1940 im Westfeldzug getroffen war. Zwischen Februar 1941 und März 1942 wurden 975 Panzer der Ausf. F1 an die Front geliefert, 548 von ihnen standen zu Beginn der Invasion in Russland für den Einsatz bereit.

Im März 1942 wurde mit der Produktion des Pz.Kpfw. IV Ausf. F2 begonnen: Er wurde mit einer 7,5-cm-KwK 40 L/43 mit langem Rohr bestückt und schaffte es leicht, einen sowjetischen T-34 außer Gefecht zu setzen. Im Sommer 1942 wurde eine weitere Version an der Ostfront in Dienst gestellt, der Pz.Kpfw. IV Ausf. G, mit verstärkter Panzerung und einer verbesserten Mündungsbremse seiner 7,5-cm-Hauptkanone. Insgesamt wurden 1724 Pz.Kpfw. IV Ausf. F und G auf den Schlachtfeldern in Russland eingesetzt. Einige Panzer der Ausf. G waren ab Ende 1942 sogar mit einer längeren 7,5-cm-KwK L/48 bestückt.

Im folgenden Jahr, Anfang 1943, wurde der Pz.Kpfw. IV Ausf. H in Dienst gestellt. Mit einer rundum verstärkten Panzerung hatte sich sein Gewicht auf 25 t erhöht und die Höchstgeschwindigkeit war auf 38 km/h gesunken. Insgesamt wurden rund 4000 Panzer der Ausf. H ab Frühjahr 1943 zum Einsatz gebracht, und diese Version bildete das Gros der Panzerdivisionen. Die letzte gebaute Version war die Ausf. J, die im März 1944 in Dienst gestellt wurde. Mit verändertem Laufwerk und größeren Kraftstofftanks standen 2392 dieser Panzer im letzten Kriegsjahr an der Spitze der Elitepanzerbataillone.

Zwischen 1936 und 1945 wurden insgesamt 8472 Pz.Kpfw. IV produziert. In den besseren Zeiten stellte der Pz.Kpfw. IV eine Herausforderung für seine Gegner dar. Der Panzer hatte seine Überlegenheit auf dem Schlachtfeld schon früh demonstriert, und zwar so überzeugend, dass er 1943 die deutsche Offensive bei Kursk im Rahmen des Unternehmens »Zitadelle« anführte. Die Offensive war ein eindeutiger Reinfall, aber trotz anhaltender großer Verluste spielte der Pz.Kpfw. IV eine zentrale Rolle in dem verzweifelten Versuch, dem sowjetischen Angriff standzuhalten. Auf den Schlachtfeldern an der Westfront erbrachten diese Panzer, obwohl nur in geringer Zahl eingesetzt, bei Abwehroperationen eine gute Leistung und erzielten bei den Elitedivisionen der Waffen-SS einen gewaltigen Erfolg.

Im Dezember 1944 stand die Ausf. J an der Spitze der Ardennenoffensive, doch bis zu diesem Zeitpunkt konnten nicht einmal die neuesten Pz.Kpfw. IV oder andere Spezialausführungen wie die Flakpanzer es mit den neuesten alliierten Panzern aufnehmen und deren Vormarsch aufhalten.

»Panther«

Der Panther war eine potente Kampfwaffe und mit Abstand der beste deutsche Panzer im Zweiten Weltkrieg. Entworfen wurde der Panther in erster Linie für den Einsatz an der Ostfront, wo er den T-34 bekämpfen und dadurch der sowjetischen Offensive den Schwung nehmen sollte.

Im Januar 1942 ging ein 30 t schwerer Prototyp des mittleren Panthers vom Fließband. Er besaß eine abgeschrägte Panzerung, einen 650 PS starken Maybach-Motor HL 210, ein Schachtellaufwerk mit Drehstabfederung und einen hydraulischen Turmantrieb sowie eine neue starke 7,5-cm-KwK L/70 (lang). Auf Hitlers Befehl wurde umgehend mit der Serienproduktion dieses Kolosses begonnen. Im November 1942 wurde die Produktion in rasantem Tempo mit der Einführung des Panthers Ausf. D aufgenommen. Er zeichnete sich durch einen größeren Motor und ein zuverlässigeres und robusteres Getriebe aus. Er hattte eine Fünfmannbesatzung und verfügte über eine starke Front- und Seitenpanzerung. Um den Panzerschutz zu erhöhen, wurden in den Fabriken so genannte Schürzen in einer Stärke von 5 mm aufgeschweißt.

Trotz zahlreicher mechanischer Probleme bei den Tests bestand Hitler darauf, den Panther so schnell wie möglich der Truppe zu übergeben, da er diesem Panzer für zukünftige Kriegsanstrengungen entscheidende Bedeutung beimaß.

Angesichts des bevorstehenden Unternehmens »Zitadelle« ignorierte Hitler die offensichtlichen Mängel des Panthers und befahl dem Oberkommando des Heeres die Bildung von zwei Panzerbataillonen aus Panthern als Speerspitze für die Kursker Offensive. Rund 250 Panther Ausf. D wurden für den Angriff bereit gestellt. Als am 4. Juli 1943 das Unternehmen »Zitadelle« schließlich gestartet wurde, hatte der Panther mit 125 Verlusten am ersten Tag einen schlechten Start. Am Ende des zweiten Tages waren nur noch 50 der ursprünglich 250 Panzer einsatzfähig. Bei zahlreichen Panthern kam es zu technischen Gebrechen, bei anderen gingen die schlecht gekühlten Motoren in Flammen auf.

Nach der Katastrophe bei Kursk erachtete man den Panther Ausf. D als ungeeignet für den Fronteinsatz und stellte die Produktion deshalb ein. Kurze Zeit später wurde jedoch eine neuere Ausf. D gebaut, die mehrere Modifikationen aufwies, darunter eine neue Aufhängung, ein neues Getriebe und eine Klappe für das MG 34 in der Wanne. Der neue verbesserte Panther bewährte sich indes sofort, denn während einer schweren Panzerschlacht im August 1943 gelang der Division »Das Reich« mit ihrer Panther-Abteilung 53 die Ausschaltung zahlreicher russischer Panzer.

Rechts: Ein Pz.Kpfw. IV Ausf. D während der Invasion in Frankreich beim Vormarsch ins Kampfgebiet. Die abgeänderte Ausf. D verfügte über eine verstärkte Frontpanzerung, verbesserte Visierblöcke für den Fahrer sowie ein Sechsganggetriebe für eine bessere Geländegängigkeit. Als Antrieb diente ein 250 PS starker Maybach-Vergasermotor HL 108 TR, mit dem eine maximale Straßengeschwindigkeit von 30 km/h erreicht wurde. Eines der auffälligsten Konstruktionsmerkmale dieser Ausführung war ihr Aufbau, der über die Wannenseiten hinausging, wodurch eine spätere Nachrüstung des Panzers möglich war.

Der Erfolg des neuen verbesserten Panthers Ausf. D veranlasste auch zur Verbesserung des Panthers Ausf. A. Zwischen August 1943 und Juni 1944 wurden 1768 Panther Ausf. A produziert. In diesem Zeitraum beherrschte der Panther das Schlachtfeld, und die Nachfrage wurde immer größer, denn er sollte im Osten wie im Westen die Front auffüllen.
Als letzte Panther-Version wurde die Ausf. G in Dienst gestellt, an der weitere Änderungen vorgenommen wurden: Sie war mit einer abgeschrägten statt vertikalen Panzerung an den unteren Wannenseiten versehen. Außerdem wurde ihre Panzerung nun auf 5 cm verstärkt. Insgesamt wurden 1944/Anfang 1945 4185 Panther Ausf. G produziert.
Kurz gesagt, sollte die Produktion des Panthers trotz seines problematischen Debüts weiterlaufen, und über die meisten feindlichen Panzer, mit denen er konfrontiert wurde, obsiegte er. An der Westfront war er den Sherman-, Churchill- und Cromwell-Panzern überlegen. Im Osten war er besser als sein Rivale, der sowjetische T-34/85. Doch seine Produktion war aufwändig und er stand nie in ausreichender Stückzahl zur Verfügung, um die auf den Schlachtfeldern erlittenen hohen Verluste auszugleichen.

Pz.Kpfw. VI »Tiger I« und »Königstiger«

Der wahrscheinlich berühmteste Panzer des Zweiten Weltkriegs ist der Pz.Kpfw. VI Tiger I. Der Tiger I wurde hauptsächlich als Antwort auf die schweren und starken sowjetischen Panzer wie den KV-1 und 2 und den T-34 gebaut. Von August 1942 bis September 1944, als die Produktion schließlich eingestellt wurde, gingen insgesamt 1354 Tiger vom Fließband. Der Tiger I brachte beeindruckende 56 t auf die Waage. Er besaß eine 10 cm starke Frontpanzerung und eine 8 cm starke Seiten- und Heckpanzerung. Dieser Koloss war mit einer mächtigen 8,8-cm-KwK 43 L/56 mit langem Rohr bestückt. In die spätere Version des Tigers I wurde ein 700 PS starker Motor HL 230 eingebaut, mit dem eine Höchstgeschwindigkeit von 38 km/h auf der Straße und von 20 km/h im Gelände möglich war. Die ersten Tiger I kamen im Raum Leningrad im August 1942 zum Einsatz. In den folgenden zwei Jahren spielte der mächtige Tiger I eine entscheidende Rolle sowohl an der Ostfront als auch an der Westfront. Mit seiner gefürchteten Vernichtungskraft bewährte er sich während des Unternehmens »Zitadelle«, wo er auf die Elitepanzereinheiten der Waffen-SS aufgeteilt wurde.
1944 spielte der Tiger I in einer Reihe von Abwehrschlachten gegen zahlenmäßig überlegene sowjetische Kräfte eine zentrale Rolle. Mitte 1944 zeigte sich jedoch, dass die neuen schweren russischen Panzer dem Tiger I überlegen waren, und durch die enormen Verluste auf den Schlachtfeldern im Osten büßte er deutlich an Effektivität ein.
Der Tiger I wurde auch mit großem Erfolg gegen die Alliierten in Nordfrankreich eingesetzt, wo im Sommer 1944 Hunderte im Kampf standen. Die von den Tiger-Besatzungen dort an den Tag gelegte Geschicklichkeit und Zähigkeit und die Feuerleistung des Panzers führten dazu, dass sich die alliierten Truppen nur zögerlich mit einem Tiger einließen. Oft bedurfte es fünf britischer Panzer, um einen einzigen Tiger zu zerstören, aber dennoch stand die deutsche Front in der Normandie im August 1944 vor einer Niederlage. Bis Ende August waren die meisten der in Frankreich eingesetzten Tiger zerstört worden.
Mit den schweren Verlusten an Tiger-I-Panzern wurde ihre Produktion zugunsten des überlegenen Königstigers im

Links: 1941, die fünf Besatzungsmitglieder eines Pz.Kpfw. IV Ausf. F1 klettern durch die verschiedenen ihnen zugewiesenen Luken, um in einen Einsatz zu starten. Die Besatzung gehört dem 6. Panzergrenadierregiment der 7. Panzerdivision an. Die Ausf. F1 war das erste Fahrzeug mit verstärkter Panzerung, das als Antwort auf die schweren Panzer während des Westfeldzugs entwickelt wurde. Sie verfügte über eine homogene Panzerung, die an allen Stirnflächen auf 5 cm und an den Seiten auf 3 cm verstärkt wurde. Als die Wehrmacht im Juni 1941 ihren Angriff auf die Sowjetunion startete, hatte die Panzerwaffe 548 Pz.Kpfw. IV Ausf. F1 im Feld.

Oben: An der Ostfront arbeitet sich ein Pz.Kpfw. IV Ausf. F1 durchs Unterholz vor. Mit seiner 7,5-cm-KwK 37 L/24 konnte er sich nur auf kurze Entfernungen mit den sowjetischen Panzern KV-1 und T-34 anlegen. Als die Ausf. F2 im März 1942 in Produktion ging, gab ihr die neue 7,5-cm-KwK 40 L/43 im Kampf gegen die Russen die erforderliche technische Überlegenheit.

September 1944 eingestellt. Wie sein Vorgänger war auch der Pz.Kpfw. VI Ausf. B, der Königstiger, ein ausgezeichneter Panzer mit gewaltiger Feuerkraft. Bestückt war er mit einer gefürchteten 8,8-cm-KwK 43/3 L/71 mit langem Rohr sowie mit zwei MG 34 für die Nahverteidigung. Dieser massive Behemoth wog beeindruckende 69,4 t und verfügte rundum über einen ausgezeichneten Panzerschutz, durch den er für die Alliierten praktisch unbezwinglich war.

Die Henschelwerke bauten bis März 1945 489 Königstiger, darunter 20 Befehlspanzer. Der Tiger hatte zwar eine starke Leistung und Feuerkraft, war aber durch sein großes Gewicht und den hohen Treibstoffverbrauch langsam und nur begrenzt beweglich, folglich diente er hauptsächlich der statischen Feuerunterstützung. Auf dem Schlachtfeld war der Königstiger ein seltener Anblick. Nur im Februar 1945 wurde er in größerer Zahl eingesetzt, als 219 Königstiger mit einigen unabhängigen schweren Panzerbataillonen für Operationen ins Feld geschickt wurden.

Im Dezember 1944 wurden 52 Königstiger in der Ardennenoffensive eingesetzt. Ihre eingeschränkte Beweglichkeit, insbesondere im stark bewaldeten Gebiet, führte jedoch dazu, dass ihnen fast immer der Treibstoff ausging, sodass die Besatzung aussteigen und weiterkämpfen musste, wenn die Munition schließlich zur Neige ging. Trotz seiner eingeschränkten Beweglichkeit und seines riesigen Treibstoffverbrauchs erzielte der Königstiger sowohl an der Ost- als auch an der Westfront einige große taktische Erfolge. Nach dem Scheitern an der Weichselfront und in den Ardennen waren die Besatzungen der Königstiger jedoch ausgelaugt. Sie kämpften zwar weiter, waren aber nicht mehr in der Lage, die unvermeidliche deutsche Niederlage abzuwenden.

Oben: April 1941, Balkan – zwei Pz.Kpfw. III und ein Pz.Kpfw. II haben versucht, diesen schnell fließenden Fluss zu durchqueren, sind aber in tieferes Wasser geraten. Offenbar haben die Besatzungen die Situation unterschätzt, ein Fehler, der ihnen zumindest zwei Panzer kostete. In den meisten Fällen gelang der Besatzung leicht der Ausstieg, doch unter Kampfbedingungen konnte ein solcher Fehler das Leben der gesamten Besatzung fordern. Auf dem Balkan waren mehrere Panzer im Einsatz, die eigens für die geplante Invasion der Britischen Inseln im Jahre 1940 wasserdicht gemacht wurden, diese Panzer aber offensichtlich nicht.

Rechts: Eine andere Ansicht der Panzer, die einem schnell fließenden Balkanfluss zum Opfer fielen. Das Wasser steht nun schon bis zum 3,7-cm-KwK und wird bald beide Fahrzeuge verschlingen. Panzer waren vielseitig einsetzbare Fahrzeuge. Viele waren mit wasserdichten Motoren für die Durchquerung von Flüssen und Strömen ohne große Hindernisse ausgestattet. Wenn das Wasser jedoch einen Weg in den Motorraum fand, war die Gefahr groß, dass der Motor abstarb. Es war unmöglich, ihn wieder anzuwerfen, außer der Panzer konnte geborgen und ins Trockene gebracht werden.

Rechts: September 1942, westlich von Stalingrad – ein aus einer Turmluke eines Pz.Kpfw. III Ausf. H aufgenommenes Foto. Links im Bild ein Pz.Kpfw. IV Ausf. F1 mit einer 7,5-cm-KwK 37 L/24, rechts ein Pz.Kpfw. III Ausf. J mit einer 5-cm-KwK 39 L/60. Mit dieser stärkeren Kanone erhöhte sich das Gewicht des Pz.Kpfw. III auf 22,3 t. Zwischen März 1941 und Juli 1942 wurden 2516 Panzer der Ausf. J gebaut. Sie wurden an der Ostfront weiträumig eingesetzt und eigneten sich hervorragend zur Bekämpfung des sowjetischen T-34 auf kurze Entfernung.

Unten: Sommer 1941 – ein Pz.Kpfw. IV Ausf. F1 passiert zwei Opel-Blitz-Lastwagen, die zusätzlich mit Laub getarnt wurden. Die vorne angebrachten Kettenglieder bieten einen weiteren Panzerschutz. Der Kommandant trägt die schwarze Panzeruniform und Feldmütze. Besondere Beachtung verdient die Schützenschnur, die den Truppen der Panzereinheiten vorbehalten war. Die anderen beiden Besatzungsmitglieder tragen den einteiligen Overall, der für die Mannschaften von Panzerfahrzeugen hergestellt wurde. Er konnte über der schwarzen Panzeruniform getragen werden.

Unten: Eine Kolonne von Pz.Kpfw. III rollt an der Ostfront über die endlose Steppe. Am Anfang der Invasion in Russland hielten sich viele Panzerkommandeure für unbesiegbar und glaubten an einen schnellen Fall der Sowjetunion. Auf der gesamten deutschen Front sollte sich die hervorragende Panzertruppe ins Kampfgebiet vorkämpfen und sich auf dem Vormarsch über 11 bis 16 km erstrecken. Am Ende des ersten Kampftages hatten viele führende Panzerdivisionen die Kampfzone weit hinter sich gelassen und waren weiter vorgestoßen.

Links: Frühjahr 1942, Südrussland – in seinem Horch-Kommandantenwagen stehend passiert ein Offizier der 1. Gebirgsdivision eine Panzerkolonne der 1. Panzerarmee. Der an der Stoßstange des Wagens angebrachte Wimpel zeigt die Zugehörigkeit des Wagens zu einer Panzerdivision. Zur Rechten des Offiziers ist ein haltender Pz.Kpfw. IV Ausf. F1 zu sehen. Im Frühjahr 1942 kämpfte die 1. Gebirgsdivision als Teil der 1. Panzerarmee im Donez-Gebiet. Im Sommer bildete sie die Spitze des Vorstoßes in den Kaukasus und blieb dort bis 1943.

Oben: Ein Pz.Bef.Wg. III auf dem Vormarsch durch die endlos weite russische Steppe. In der Ferne wird eine Bahnstrecke aus der Luft angegriffen und die russische Lokomotive abrupt zum Stehen gebracht. Dieser Befehlspanzer ist mit einer im Turm montierten 3,7-cm-KwK sowie einem MG 34 zur Nahverteidigung bestückt. Das abgebildete Fahrzeug hat immer noch den dunkelgrauen Originalanstrich und trägt die taktische Turmnummer »6«.

Oben: April 1941 – eine Gruppe alter Männer und Kinder beobachtet die Ankunft einiger deutscher Panzer in ihrer Stadt. Diese Fahrzeuge sind Teil des XXXXVI. Panzerkorps, das auf seinem rasanten Vormarsch nach Belgrad vorübergehend hält. Bis zum 12. April hatte das Korps jedoch die Stadt erobert. Der Panzer im Vordergrund ist ein Pz.Kpfw. III mit einer 3,7-cm-Kwk. Dahinter befindet sich ein Halbkettenfahrzeug Sd.Kfz. 251 mit Rahmenantenne. Bei diesem Kommandopanzerwagen handelt es sich um ein spezielles Befehlsfahrzeug für höherrangige Kommandeure. Es war ausgestattet mit Fernschreib-, Fernmelde- und Chiffriereinrichtungen sowie mehreren Funkgeräten.

Oben: Anfang April 1941, ein Pz.Kpfw. IV vom XXXXVI. Panzerkorps rollt Richtung Belgrad. Dieses Korps stand vorwiegend Kroaten gegenüber, die für die überlegene Panzerwaffe keine ernstzunehmenden Gegner waren. Das Gros des XXXXVI. Panzerkorps rückte am 12. April in Belgrad ein, gleichzeitig besetzte eine weitere Panzerdivision dieses Korps Zagreb. Am folgenden Tag, am 13. April, rollte das XXXXVI. Panzerkorps auf Sarajewo zu und brach den letzten organisierten feindlichen Widerstand.

Rechts: Juli 1943, während der Schlacht um Kursk – Pz.Kpfw. III Ausf. J und andere Ausführungen bereiten sich auf das Gefecht vor. Dieser Panzertyp ist mit der langen 5-cm-KwK 39 L/60 bestückt und mit Schürzen zum Schutz gegen Panzerabwehrfeuer ausgestattet. Der Pz.Kpfw. III leistete einen wesentlichen Beitrag zu den enormen Erfolgen in den ersten beiden Jahren des Ostfeldzugs.

Oben: Sommer 1941, Russland – ein Pz.Kpfw. III mit aufgesessenen Panzermännern und andere Fahrzeuge rollen auf einer staubigen Straße dahin. Die Panzerdivisionen waren auf die russischen Straßen angewiesen. Ironischerweise war das eigentliche Problem nicht der schlechte Straßenzustand, sondern eher die Tatsache, dass die Geheimhaltung schwierig war. Eine typische Panzerdivision konnte ein Gebiet von rund 28 km^2 einnehmen und wirbelte dabei riesige Staubwolken auf, die einem darüber fliegenden sowjetischen Jagdbomber wiederum ihre Position verriet.

Unten: Juli 1943, Schlacht um Kursk – ein Pz.Bef.Wg. III Ausf. J, mit abmontiertem 5-cm-Kanonenrohr, durchquert einen Fluss. Die intakten Schürzen des Fahrzeugs lassen darauf schließen, dass es noch nicht viele Konfrontationen hinter sich hat. Hierbei handelt es sich um einen Regimentsbefehlswagen: Die erste taktische Nummer in Rot an der Turmseite ist mit dem Buchstaben »R« versehen. Der Panzer hat einen dunklen sandfarbenen Grundanstrich mit Tarnmuster aus dünnen grünen und braunen Wellenlinien. Beide Besatzungsmitglieder tragen noch die inzwischen veraltete schwarze Panzeruniform mit der schwarzen Feldmütze.

Oben: Sommer 1943 – eine Gruppe Pz.Kpfw. IV Ausf. H von der 3. SS-Panzergrenadierdivision »Totenkopf«. Der Pz.Kpfw. IV Ausf. H war mit einer starken KwK 40 L/48 bestückt und hatte zwei 7,92-mm-MG 34 als Sekundärbewaffnung. Diese Version verfügte indes noch über weitere Verbesserungen, darunter ein zusätzlicher Schutz von 8 cm Panzerstahl an der Stirnseite der Wanne, wodurch sich sein Gewicht auf 25 t erhöhte. Die verstärkte Ausführung war bei der Waffen-SS vorherrschend und wurde bei der Division »Totenkopf« umfassend eingesetzt. Bei Kursk spielte die Division »Totenkopf« eine zentrale Rolle.

Links: Sommer 1941 – die Besatzung eines Pz.Kpfw. IV Ausf. F1 posiert für die Kamera. Das »K« am linken Kotflügel gibt die Zugehörigkeit des Panzers zur Panzergruppe Kleist an. Während dieser frühen Kriegsphase trugen die Panzerbesatzungen immer noch die berühmte schwarze Panzeruniform. Bald erkannte man jedoch, dass die Uniform für Tarnzwecke völlig ungeeignet war.

Unten: Ende November 1942, Stalingrad – ein Pz.Kpfw. III Ausf. J fährt über eine Pontonbrücke aus Fertigteilen. In dieser Phase der Schlacht um die Stadt stand General Paulus' 6. Armee kurz davor, eingeschlossen und abgeschnitten zu werden. Tagelang kämpften die entkräfteten Panzerbesatzungen vergebens, um ihre wertvollen Panzer neu zu gruppieren und sie nicht der vernichtenden Wirkung der feindlichen Panzerabwehr und Scharfschützen auszusetzen.

Links: Tripolis, Nordafrika – eine Kolonne Pz.Kpfw. III mit 3,7-cm-Kanonen rollt durch die Stadt. Der robuste und zuverlässige Pz.Kpfw. III wurde in Nordafrika in großer Stückzahl eingesetzt und bildete 1941 das Rückgrat der Panzerdivisionen in der Wüste. Diese Panzer gehören zur 5. Panzerdivision, die auf Befehl Rommels immer wieder um den Block fuhr, um den Eindruck zu erwecken, dass eine riesige Armee gelandet wäre. Bis Anfang März 1941 waren die Panzer in rasantem Tempo nach Osten vorgestoßen, um die Briten von ihren Stützpunkten zu vertreiben.

Oben: Eine Kolonne von Pz.Kpfw. III rollt im Februar 1941 durch Tripolis. Diese Panzer gehören zur 5. Panzerdivision. Trotz dieser Zurschaustellung militärischer Stärke war sich General Rommel bewusst, dass seine Panzertruppe noch immer nicht stark genug war für einen Durchbruch durch die starken britischen Linien. Um beim Gegner den Glauben zu erwecken, seine Truppe wäre zu stark, um sie anzugreifen, beschloss er den Bau von Panzerattrappen. Er ließ die Werkstätten 5 km südlich von Tripolis große Mengen an Panzerattrappen bauen, die auf Volkswagen aufgebaut wurden und dem Original täuschend ähnlich sahen.

Oben: Eine Gruppe von Pz.Kpfw. III hält während der Operationen in Nordafrika in der Wüste, 1942. Die Besatzung eines Panzers beobachtet einen Ju 87-Sturzkampfbomber. Der Ju-87 Stuka wurde in Nordafrika umfassend für Sturzkampfangriffe und den Beschuss aus der Luft eingesetzt, um feindliche Artillerieeinheiten auszuschalten und den Weg für die Panzer zu bahnen. In der Wüste wandten die Deutschen die Blitzkriegtaktiken an und setzten Panzer, motorisierte Infanterie und Luftmacht in koordinierten Angriffen zur Erzielung eines schnellen Durchbruchs ein.

Unten: Selbst in der Wüste wurde die Propaganda mit maximaler Wirkung eingesetzt – hier fährt ein Pz.Kpfw. II an einem Kameramann vorbei. Während des Krieges erschien Rommels mächtige Panzertruppe in Nordafrika regelmäßig in Zeitung, Wochenschau und auf verschiedenen Propagandaplakaten. Die Wochenschau schlug viel Kapital aus den Panzermännern, indem sie die Soldaten sehr wirkungsvoll präsentierte, wie sie in ihren schwarzen Uniformen oder einteiligen Overalls mit einer Aura der Unbesiegbarkeit durch erobertes Gebiet fuhren.

Oben: Während der Schlacht bei Kursk räumt ein mit einem Flammenwerfer ausgerüsteter Pz.Kpfw. III von der Division »Großdeutschland« sowjetische Verteidigungslinien vor einem befestigten Dorf. Das Hauptziel des Unternehmens »Zitadelle« war die Vernichtung der starken sowjetischen Kräfte im Raum Kursk. Sobald die Rote Armee zerschlagen war, konnte die Wehrmacht nach Norden drehen und auf Moskau vorrücken. Trotz der enormen in die Schlacht geworfenen Ressourcen und der neuen Panzer, die im Juli 1943 vom Fließband auf die Schlachtfelder rollten, gelang es der Panzerwaffe nicht, die sowjetischen Panzer und die Artillerie auszuschalten.

Rechts: Ein Pz.Kpfw. III mit einer 3,7-cm-Kanone vor einem Opel-Blitz-Lastwagen am Straßenrand, Südrussland. Der Panzer gehörte zu der im Raum Donez stehenden 1. Panzerarmee, die Soldaten sind Angehörige der 1. Gebirgsdivision. Dieser Panzer stammt vermutlich von der Panzerjägerabteilung 54, einer der wichtigsten Einheiten der 1. Gebirgsdivision. Diese Einheit nahm nach der Katastrophe von Stalingrad bis März 1943 an den Abwehrschlachten in Südrussland teil.

Oben: Italien 1943 – ein Pz.Kpfw. IV Ausf. F2 einer unbekannten Panzerdivision auf der Straße nach Bitonto. Die Ausf. F2 war mit der stärkeren 7,5-cm-KwK 40 L/43 mit langem Rohr bestückt. Mit ihr war der Panzer viel schlagkräftiger als seine Vorgänger und erwies sich in der Bekämpfung der amerikanischen und britischen Panzer, die in diesem Sommer in Italien zum Einsatz kamen, besonders effektiv. Die Kanone besaß eine Mündungsgeschwindigkeit von 740 m/s und konnte damit 8,9 cm abgeschrägten Panzerstahl auf 1000 m durchschlagen. Das Fahrzeuggewicht erhöhte sich auf 23,6 t und die Höchstgeschwindigkeit reduzierte sich dadurch auf 40 km/h.

Oben: Norditalien – eine Panzerbesatzung bei der Tarnung ihres alten Pz.Kpfw. IV. Eine der effektivsten Methoden, einen Panzer vor Panzerabwehrfeuer und Erkennung aus der Luft zu schützen, bestand darin, das Fahrzeug bis zu den Ketten einzugraben und Laub über den Turm zu legen. An der Turmseite befindet sich die taktische Nummer »121«. Das taktische Nummerierungssystem für Panzer war einfach: Die erste Zahl zeigte die Kompanie an, die zweite den Zug innerhalb der Kompanie und die dritte das Fahrzeug innerhalb des Zugs. »121« bedeutete daher: 1. Kompanie, 2. Zug, 1. Panzer im Zug.

Oben: Während einer vorübergehenden Kampfpause bei Kursk nimmt die Besatzung eines Pz.Kpfw. III kleinere Reparaturen an ihrem Fahrzeug vor. In der Schlacht um Kursk wurden insgesamt sieben Panzerdivisionen zerschlagen, was katastrophale Auswirkungen auf die deutschen Kriegsanstrengungen hatte. Die Niederlage war so schwerwiegend, dass General Heinz Guderian fürchtete, die Panzerwaffe würde sich nie mehr erholen können, um sich gegen die ständig vorrückende Rote Armee zu verteidigen.

Unten: Juli 1943 – eine Gruppe von Pz.Kpfw. IV Ausf. J auf dem Vormarsch während des Unternehmens »Zitadelle«. Der Pz.Kpfw. IV trägt nicht nur Schürzen, sondern hinten auf der Motorabdeckung auch eine Reihe von Stahlhelmen. Das war eine gängige Methode, um einen zusätzlichen Panzerschutz zu erhalten. Weiters wurden auch Kettenglieder, Metallplatten, Panzerräder, Benzinkanister, Metalleimer und sogar Beton verwendet.

Rechts: Juli 1943 – ein Pz.Kpfw. IV Ausf. G hält auf dem Durchmarsch durch den Kursker Frontbogen. Dieses Fahrzeug trägt immer noch das alte Divisionszeichen von 1940 der 4. Panzerdivision (in Gelb rechts vom MG 34). An der Turmseite befindet sich der stehende Bär (ebenfalls gelb), das Symbol der 4. Panzerdivision. Während der Schlacht um Kursk verlor die 4. Panzerdivision beinahe 50 Prozent ihrer Panzerstärke. Nach Kursk war die Division nur noch ein Schatten ihrer selbst. Im Februar 1944 wurde die Division beim Entsatz von Kowel, wo die deutsche Besatzung eingeschlossen worden war, in schwere Gefechte verwickelt. Die Division, die von der 5. SS-Panzerdivision »Wiking« und anderen Einheiten unterstützt wurde, brauchte zwei Monate für den Durchbruch durch die sowjetischen Linien nach Kowel.

Links: Eine andere Ansicht des Pz.Kpfw. IV Ausf. G. Der stehende Bär ist deutlich rechts der taktischen Nummer »420« zu sehen. Die hier abgebildete Version der Ausf. G verfügte über eine verstärkte Panzerung und eine verbesserte Mündungsbremse an der Hauptwaffe. Der Panzer wurde über lange Zeit hergestellt, 1724 Stück wurden gebaut. 1942 wurde die längere 7,5-cm KwK L/48 eingeführt. Bis 10. Juli 1943 brach die deutsche Front um Kursk rund um die 4. Panzerdivision zusammen, und so waren die einzelnen Einheiten auf ihrem Rückzug vor der Roten Armee sich selbst überlassen. Als die deutschen Panzer langsam an Boden verloren, kam es zu Stellungskämpfen um die Kontrolle der Straßen gegen starke sowjetische Verteidigungsstellungen und Panzerspitzen.

Oben: Die Besatzung eines Pz.Kpfw. IV Ausf. H bei der Reinigung der Ausrüstung. Einer der Männer hat sich aus einer Zeltbahn ein provisorisches Zelt gebastelt. Auf der Turmseite des Panzers befinden sich das weiße Regimentszeichen, der stehende Bär, und das neue Divisionszeichen sowie ein schwarzes Schild mit altem Divisionszeichen und andere Markierungen in Gelb. Das Fahrzeug hat einen dunklen sandfarbenen Grundanstrich mit einem sehr leichten Tarnmuster aus grünen Flecken. Die Mündungsbremse wurde abgedeckt, damit kein Schmutz ins Rohr gelangt.

Unten: Dieser Pz.Kpfw. IV gehört zur 4. Panzerdivision. Das Fahrzeug trägt noch immer das alte Divisionszeichen von 1940 in Gelb auf der Turmblende. Die taktische Nummer »505« wurde ebenfalls gelb übermalt. Der Panzer ist mit einer Zimmeritbeschichtung versehen, die nur zum Schutz der Oberflächen vor Haftsprengladungen diente. Die auf Nitro-Lösungsmitteln basierende Zimmeritpaste wurde gerippt aufgebracht, um eine dickere Schicht und dadurch einen größeren Abstand zur Panzeroberfläche zu erreichen und gleichzeitig ein zu großes Gewicht zu vermeiden.

Links: Juli 1943 – während der Schlacht bei Kursk werden Panzergrenadiere von einem Pz.Kpfw. IV mitgenommen. Die Schürzen des Panzers sind noch immer unversehrt. Sie bestanden aus leichten Stahlplatten von 5 mm Stärke und dienten zum Schutz der Panzer vor aus geringer Entfernung abgefeuerten Granaten aus russischen Panzerabwehrgewehren. Die Schürzen waren zudem äußerst wirksam gegen Treffer von 7,5-cm-Sprenggranaten. Die Stahlschürzen boten auch Schutz gegen Hohlladungsgeschosse, indem sie diese vom Panzer ablenkten.

Oben: 1943, Norditalien – eine Gruppe von Panzergrenadieren in Deckung hinter einem Pz.Kpfw. IV. Die Schutzhülle über der Mündungsbremse lässt darauf schließen, dass der Panzer außer Gefecht gesetzt oder von seiner Besatzung aufgegeben wurde und nun den Soldaten als Deckung dient. Die hügelige Landschaft Italiens erlaubte keine groß angelegten Panzeroperationen, das zerklüftete Gelände bot den Panzerbesatzungen aber gute Verteidigungsstellungen. Entlang vieler Verteidigungslinien wurde dies bestmöglich genutzt und die Panzer als hervorragende Hindernisse für die anrückenden alliierten Truppen in die Stellungen eingegliedert.

Oben: Juni 1944, Normandie – zwei britische Soldaten posieren mit zwei französischen Mädchen auf einem zerstörten StuG. III Ausf. G. Diese letzte Version war mit einer starken 7,5-cm-StuK 40 L/48 bestückt. Sie konnte mit Leichtigkeit bis zu 9,1 cm Panzerstahl bei einer Neigung von 30 Grad durchschlagen, und 10,9 cm vertikaler Panzerung auf eine Entfernung von 1000 m. Das StuG III Ausf. G war auch die erste Version, die ein MG 34 zur Nahverteidigung trug und durch an der Wannenfront angebrachte 3 cm starke Platten besser geschützt war als sein Vorgänger.

Oben: Juli 1943 – ein Pz.Kpfw. IV im Gefecht während des Unternehmens »Zitadelle«. Diese Version ist nicht mit Schürzen versehen, trägt aber Turmblenden. Stellenweise wurde etwas Laub am Panzer befestigt, um die Fahrzeugumrisse aufzulösen. Für den Angriff auf den Kursker Frontbogen wurden alle verfügbaren Panzer in zwei riesigen Zangenarmen konzentriert – General Model mit seiner 9. Armee griff vom Norden an, und General Hoth mit seiner 4. Panzerarmee vom Süden. Hoth erhielt acht Panzerdivisionen und Model fünf. Es wurde praktisch die gesamte operative Reserve in die Offensive geworfen.

Oben: 22. Juni 1941 – ein Pz.Kpfw. IV Ausf. F1 Tauchpanzer auf dem Vorstoß auf einer sandigen Straße nach der Überquerung des Bugs bei Patulin. Der Tauchpanzer war ein speziell umgebauter Pz.Kpfw. IV und wurde ursprünglich für die Invasion der Britischen Inseln 1940 entworfen. Beachtenswert ist die zwecks Erkennung aus der Luft über das Fahrzeugheck gebreitete Hakenkreuzfahne. Während der späteren Kriegsphase, als die Luftwaffe so gut wie vernichtet war, verzichteten viele Panzerbesatzungen auf die Fahne, um nicht leichte Beute für die tief fliegenden feindlichen Fliegerkräfte zu sein.

Rechts: Ende 1943 – zwei Pz.Kpfw. IV Ausf. H nehmen in einem russischen Dorf unweit von Velikye Luki Deckung. Beide Fahrzeuge scheinen intakt zu sein und weisen keine Kampfspuren auf. Die Panzer verfügen über Turmblenden und Halterungen für die Schürzen, die vermutlich von der Besatzung bald befestigt werden. Bis Ende 1943 waren die deutschen Panzer an der Ostfront schlimm zugerichtet. Bei diesen beiden Pz.Kpfw. IV handelt es sich vermutlich um neue – eine Seltenheit für die Panzerbesatzungen.

Unten: Italien, 1943 – ein Pz.Kpfw. IV erhält Anweisungen von einem der Besatzungsmitglieder. Der Italienfeldzug wurde in hügeligem, engem Gelände geführt, was für die Panzerbesatzungen etwas ganz anderes war als die Kämpfe auf den offenen Steppen an der Ostfront. Dieses Gelände eignete sich nicht für den Panzerkrieg, doch der Pz.Kpfw. IV verteidigte seine Umgebung mit seiner starken 7,5-cm-KwK und großen Schussfeldern. Bis 1944 zwang der Mangel an Transportfahrzeugen und die unzureichende logistische Unterstützung die Wehrmacht jedoch zum Rückzug. Beschädigte Fahrzeuge konnten nicht mehr vom Schlachtfeld geborgen werden.

Rechts: August 1943 – nach den vergeblichen und verlustreichen Angriffen bei Kursk verlegt eine Kolonne noch intakter Pz.Kpfw. IV nach Westen zu einer neuen Verteidigungslinie. Die Besatzungen der Pz.Kpfw. IV fanden das Unternehmen »Zitadelle« manchmal frustrierend: Ihre Panzer waren nicht gut genug, um einen Durchbruch durch die tiefe Panzerabwehrfront zu erzielen. Die Panzer kämpften in Keilformationen, den so genannten Panzerkeilen, die sich bis zur Offensive von Kursk gegen starkes russisches Panzerabwehrfeuer als äußerst erfolgreich erwiesen hatten. Die Spitze der Panzerkeile bildeten die schwersten Panzer, wie Tiger und Panther, die Pz.Kpfw. IV folgten knapp dahinter.

Unten: 1943, Italien – ein Pz.Kpfw. IV mit Turmblenden macht eine scharfe 90-Grad-Kurve, um unter ein paar Bäumen Deckung zu nehmen. Die Besatzungsmitglieder tragen die spätere Einheitsfeldmütze M43. Diese Mützen erfreuten sich immer größerer Beliebtheit, obwohl der Mützenschirm bei der Benutzung des Periskops im Panzer im Weg war. Deshalb begannen die Besatzungen, sie verkehrt herum aufzusetzen. Die Männer tragen außerdem die besonders leichten grünen Panzeruniformen aus Köper, die für das heißere Klima eingeführt wurden.

Links: Ein Pz.Kpfw. IV mit intakten Schürzen rollt durch eine italienische Stadt. Abgesehen vom Fahrer schnappen die Männer ein bisschen Frischluft. Wenn sie nicht gerade im Gefecht standen, verbrachten die Besatzungen die meiste Zeit außerhalb des klaustrophobisch engen und völlig unbequemen Panzers. In den Panzern war es immer heiß und stickig, und in heißeren Gegenden hatten die Männer das Gefühl, bei lebendigem Leibe gekocht zu werden. Schwitzend und hustend versahen viele Besatzungen ihren Dienst nur in kurzen Hosen und Leinenschuhen.

Oben: Irgendwo an der Ostfront – die Besatzung eines Pz.Kpfw. VI Tiger I nutzt einen Baum und eine Hausseite als Deckung. Dieser massive 56 t schwere Tiger I hatte eine Fünfmannbesatzung. Die Hauptwaffe war die gewalige 8,8-cm-KwK 43 L/56 mit langem Rohr. An der Front war die Panzerung 10 cm stark, an den Seiten und am Heck 8 cm. Der Tiger spielte in Russland eine wichtige Rolle und wurde im Juli 1943 in der Schlacht bei Kursk mit tödlicher Wirkung eingesetzt. Dort demonstrierten die Tiger ihre gefürchtete Vernichtungskraft und richteten Tod und Verwüstung unter ihren Gegnern an.

Rechts: Ein Flugfeld in Russland – dieser Pz.Kpfw. VI Tiger I verfügt über Nebelwurfbecher am Turm. Ab Juni 1943 wurden sie nicht mehr verwendet. Das Fehlen eines Zimmeritanstrichs, den Panzerfahrzeuge erst ab September 1943 erhielten, lässt auf einen frühen Tiger schließen. Zwischen August 1942 und September 1944 wurden 1354 Tiger I produziert. Während dieses Zeitraums stellten diese Fahrzeuge sowohl die tödliche Wirkung ihrer 8,8-cm-KwK als auch ihre Unverwundbarkeit gegenüber sowjetischen Panzergranaten unter Beweis.

Oben: November 1942, Ostfront – eine frühe Version eines Tigers I mit einer Gruppe von Wehrmachtssoldaten: Sie sehen vermutlich zum ersten Mal einen Tiger. Der Panzer verfügt sichtlich über kein Tarnmuster und hat nicht einmal einen weißen Wintertarnanstrich. Dieser frühe Tiger I wird von einem 642 PS starken Maybach-Motor HL 210 angetrieben. Die Hauptbewaffnung bestand aus einer starken 8,8-cm-KwK, daneben gab es zwei 7,92-mm-MG 34 – ein koaxiales im Turm und ein in der Wannenfront eingebautes. Die ersten in Russland eingesetzten Tiger kamen bei Leningrad zum Einsatz.

Unten: Ein Pz.Kpfw. VI Ausf. E Tiger in schneller Fahrt auf einer Straße in der Normandie, 1944. Der Tiger I hatte bereits an der Ostfront ausgezeichnete Kampferfolge verbucht, doch hier in Nordfrankreich trug er zu den stärksten Leistungen der Panzerwaffe während der letzten Kriegsjahre bei. Trotz alliierter Überlegenheit und den von den Panzerdivisionen erlittenen Verlusten glänzten die Tiger in ihrer Verteidigungsrolle. Ihre Feuerleistung bewirkte bei den alliierten Soldaten eine regelrechte »Tiger-Phobie«, sodass britische und amerikanische Panzerbesatzungen sich gegenüber den mächtigen Tigern vorsichtig verhielten und sich häufig weigerten, sie anzugreifen.

Oben: An der Ostfront – ein Pz.Kpfw. VI Tiger I mit einer 8,8-cm-KwK 36 L/56. In die spätere Tigerversion wurde der stärkere Vergasermotor Maybach HL 230 P 45 mit 12 Zylindern (V-Form) eingebaut. Mit einem maximalen Gewicht von 56 t hatte er eine Höchstgeschwindigkeit von 38 km/h auf der Straße und 20 km/h im Gelände. Sein 543 l fassender Treibstofftank ermöglichte ihm einen Fahrbereich von nur 100 km auf der Straße und von 60 km im Gelände.

Unten: Normandie, Frankreich – kurz vor der alliierten Landung 1944. Eine Kolonne intakter StuG. III Ausf. G des Panzerregiments der SS-Division »Leibstandarte Adolf Hitler«. Die Ausf. G war die letzte in Dienst gestellte Sturmgeschützversion und war mit einer starken 7,5-cm-KwK 40 L/48 bestückt. Es war auch die erste Version mit einem MG 34 zur Nahverteidigung. Das StuG. III Ausf. G blieb bis Kriegsende bei der Waffen-SS im Einsatz und war eigentlich der am häufigsten eingesetzte Panzerkampfwagen.

Oben: Mitte April 1944 – ein Pz.Kpfw. VI Tiger I Ausf. E der Schweren Heerespanzerabteilung 507 bei Tarnopol unmittelbar nach der Einnahme der Stadt. Die 507. wurde im September 1943 gebildet und zwischen Dezember 1943 und Februar 1944 mit 45 Tigern ausgerüstet. Im März 1944 wurde die 507. an die Ostfront verlegt, wo sie trotz Erhalt von 44 weiteren Ersatztigern bis Februar 1945 alle bis auf sieben verlor.

Unten: Ein mit Tigern I beladener Transportzug auf dem Weg zur Ostfront knapp vor Start der russischen Operation »Bagration« am 22. Juni 1944. Der Erfolg der Panzerdivisionen in Russland beruhte im Wesentlichen darauf, dass sie die Frontabschnitte rasch erreichten. Die Bahn war die schnellste und leichteste Transportmethode für die deutschen Panzer, machte sie jedoch für Luftangriffe verwundbar.

Oben: An der Ostfront nutzt die Besatzung eines Tigers I eine Rast für eine kleine Mahlzeit, bis die Wartung ihres Panzers abgeschlossen ist. Alle unabhängigen Tigerabteilungen waren mit Instandsetzungskompanien ausgestattet, die für Reparaturen und die Wartung der Tiger verantwortlich waren. Mit ihrer starken Panzerung waren die Tiger im Gefecht nahezu unverwundbar, und mit einer gut ausgerüsteten Instandsetzungskompanie konnten sie schnell wieder aufs Schlachtfeld zurückkehren.

Oben: Dieses Foto eines Pz.Kpfw. V Panther in Russland, 1943, von der Division »Großdeutschland« wurde vermutlich bei Rshew im Sommer aufgenommen. Die Division kämpfte fast ausschließlich in den mittleren und südlichen Ostfrontabschnitten und wurde als Hitlers »Krisenfeuerwehr« bekannt, weil sie immer dort eingesetzt war, wo die Lage am brenzligsten war. Wie am 20. Juni 1942 setzte sich die Infanteriedivision (motorisiert) »Großdeutschland« aus zwei Infanterieregimentern mit je drei Bataillonen zusammen, einem schweren Bataillon und einem Panzerbataillon mit drei Kompanien aus 30 Pz.Kpfw. IV.

Unten: März 1944 – draußen auf der gefrorenen russischen Steppe bereitet sich eine Gruppe von Panthern und ein einzelner Pz.Kpfw. IV aufs Gefecht vor. Der auf der Wannenfront liegen gebliebene Schnee gibt den Panzern in der arktischen Umgebung eine gewisse Tarnung. Der Panther Ausf. D wurde von einem großen Vergasermotor Maybach HL 230 mit 12 Zylindern (V-Form) angetrieben und besaß das strapazierfähigere AK 7-200-Getriebe. Er verfügte über eine 7,5-cm-KwK L/70 mit langem Rohr. Ab Februar 1944 wurden in den deutschen Fabriken alle existierenden Panther Ausf. D mit 5 mm starken Schürzen versehen.

Oben: Dezember 1944, Polen – dieser Pz.Kpfw. V Panther hat einen weißen Wintertarnanstrich erhalten, auch die Schürzen. Der Panzer wog 44,8 t und hatte eine maximale Straßengeschwindigkeit von 46 km/h. Seine Höchstgeschwindigkeit im Gelände betrug 30 km/h. Mit einer Treibstoffkapazität von 730 l hatte der Panther einen Fahrbereich von 200 km auf der Straße und 130 km im Gelände.

Oben: Mitte Juli 1943 – am frühen Abend stößt eine Kolonne von Pz.Kpfw. III nach der sinnlosen und kostspieligen Niederlage bei Kursk auf einer staubigen Straße vor. Diese Wagen gehören zur 3. Panzerdivision. Vom 12./13. Juli 1943 an kämpfte die 3. Panzerdivision erbittert um das Dorf Beresowka, musste aber das Dorf und die Umgebung dem hartnäckigen Widerstand russischer Panzer überlassen. Zu schwach, um dem Angriff der Roten Armee standzuhalten, wurde die Panzerdivision unter großen Verlusten nach Westen abgedrängt. Für die Panzerbesatzungen der 3. Panzerdivision kam der russische Gegenangriff mit seinen Massen an Männern und Material als eine böse Überraschung.

Rechts: Anfang Januar 1945, Belgien – Panzergrenadiere fahren auf einem Panther mit. Dieses Fahrzeug zeigt deutliche Kampfspuren, denn es hat einen Teil seiner Schürzen verloren. Bis zu dieser Kriegsphase leistete die Panzerwaffe trotz ihrer enormen Verluste immer noch eine hervorragende Verteidigung sowohl gegen die näher rückende Rote Armee an der Ostfront als auch gegen die Alliierten an der Westfront. Dieses Foto zeigt den Panther auf dem Rückzug in der späteren Phase der verlustreichen Ardennenoffensive. Im Zeitraum von einem Kampfmonat in den Ardennen verloren General Models Kräfte fast 600 Panzerfahrzeuge, darunter 190 Panther, sowie 120.000 Mann, die beide nicht ersetzt werden konnten.

Rechts: Die Besatzung eines gut getarnten Panthers beim Einladen von 7,5-cm-Munition durch die hintere Turmluke, die der Besatzung auch als Notausstiegsluke diente. Insgesamt konnten 82 Schuss Munition mitgeführt werden, dazu noch 4200 Schuss für die Sekundärbewaffnung. Die 7,5-cm-KwK 42 L/70 war eine sehr starke Waffe. Sie war äußerst effektiv und oft in der Lage, auf Entfernungen von über 1000 m beim ersten Mal einen Treffer zu landen. Ihre Durchschlagsleistung war nicht minder beeindruckend. Die Standardgranate war die Pzgr. 39/42 mit Leuchtspur. Die Geschossspitze dieser Granaten sollte in erster Linie den Luftwiderstand beim Flug vermindern.

Unten: Eine Aufnahme vom Sommer 1941 – eine Panzerbesatzung übernimmt einen sowjetischen Panzer T-34. Das Fahrzeug behält den Wintertarnanstrich. Den ganzen Krieg hindurch setzte die Wehrmacht zahlreiche feindliche Beutepanzer ein, meistens T-34, T-60 und einige KV-1 und KV-2. Um den Beschuss aus eigenen Reihen zu vermeiden – was aus offensichtlichen Gründen sehr leicht möglich war – gingen die Wehrmachtssoldaten bei der Markierung der Beutefahrzeuge mit dem Balkenkreuz besonders sorgfältig vor. Obwohl deren Einsatz die enormen Verluste der Panzerdivisionen auszugleichen half, erwiesen sich einige der Panzer als technisch unzuverlässig, und die Beschaffung von Ersatzteilen stellte immer ein Problem dar.

KAPITEL 3

LEICHTE PANZER

Frühe deutsche Panzer

Da es keine brauchbare Alternative gab, waren in den frühen Feldzügen die leichten Panzer die wichtigsten der Panzerdivisionen.

Links: Ein ausgeschlachteter Pz.Kpfw. II irgendwo an der Ostfront. Dieses Fahrzeug gehörte zur 9. Panzerdivision, wie das gelbe taktische Divisionszeichen an der Turmseite links der Zahl »4« anzeigt. Dieser leichte Panzer wog 8,9 t und trug als Hauptwaffe eine 2-cm-KwK 30 L/55. Der Antrieb erfolgte durch einen 140 PS starken Maybach-Motor HL 62 TRM.

Pz.Kpfw. I

Der Pz.Kpfw. I war der erste leichte Ausbildungspanzer, der 1934 für die Panzerwaffe gebaut wurde. Sowohl Ausf. A als auch Ausf. B verfügten über ein am Turm montiertes Maschinengewehr. Das Fahrzeuggewicht betrug 5,4 t, die Bewaffnung bestand aus einem 7,92-mm-MG. Der Panzer war darüber hinaus mit zwei Funkgeräten, dem Fu2 und Fu6, ausgestattet. Die Ausf. A wurde von einem Krupp-Motor M 305 mit einer Leistung von 57 PS angetrieben. In die etwas schwerere Ausf. B wurde ein 100 PS starker 6-Zylinder-Maybach-Motor NL 38 TR eingebaut.

Der Pz.Kpfw. I kam zum ersten Mal im Spanischen Bürgerkrieg zum Kampfeinsatz. Zwischen 1936 und 1938 übten sich 100 Panzer in der Taktik des Blitzkriegs. Nach Beendigung des Krieges erkannte man sofort, dass der Panzer über kein wirkliches Kampfpotenzial verfügte, was die Wehrmacht aber noch immer nicht davon abhielt, ihre Panzerwaffe mit 1445 Pz.Kpfw. I für den Polenfeldzug von 1939 auszurüsten. Hier zeigte sich jedoch, dass der Pz.Kpfw. I zu schwach bewaffnet und gepanzert war, um gegen schwerere und überlegene feindliche Panzer wirksam eingesetzt werden zu können. Dennoch zwangen Hitlers militärische Bestrebungen die Panzerwaffe zum Einsatz von über 1400 von ihnen im Westfeldzug. Wieder einmal wurde die zahlenmäßige Unterlegenheit der deutschen Panzerwaffe durch die überlegene deutsche Kampftaktik ausgeglichen. Ein Jahr später wurde der Pz.Kpfw. I nur noch begrenzt in Nordafrika und in der Eröffnungsphase des Russlandfeldzugs 1941 eingesetzt.

Bis Anfang 1942 wurden die Pz.Kpfw. I ausgemustert und an Einheiten der Polizei und Partisanenabwehr abgegeben. Sie fanden auch Verwendung in der Ausbildung, wo sie hervorragende Übungspanzer waren. Bis zum Kriegsende wurde der Großteil der Panzerbesatzungen eigentlich auf Pz.Kpfw. I ausgebildet.

Links: August 1941, Russland – ein Pz.Kpfw. 38(t) auf einer Landstraße. Dieser von den Tschechen gebaute Panzer ist mit einer 3,7-cm-KwK 38(t) L/47,8 und zwei 7,92-mm-MG 37(t) für die Nahverteidigung ausgerüstet; rund 400 wurden in acht verschiedenen Versionen gebaut. Die späteren Ausführungen waren stärker gepanzert und wurden teilweise mit der 3,7-cm-KwK 35/36 L/46,5 deutscher Konstruktion nachgerüstet. Der Pz.Kpfw. 38(t) wurde während der frühen Kriegsjahre umfassend eingesetzt, doch der immer dringendere Bedarf der Panzerwaffe an schwereren Panzern führte 1942 zur Ausmusterung des Pz.Kpfw. 38(t) zu Aufgaben nur noch hinter der Front.

Pz.Kpfw. II

Bis die Pz.Kpfw. III und IV in Dienst gestellt wurden, hatten die deutschen Rüstungsfabriken den Auftrag zur Serienproduktion des Pz.Kpfw. II Ausf. A. Dieser leichte Panzer wog 8,9 t und verfügte über eine 2-cm-KwK 30 L/55 als Hauptwaffe. Angetrieben wurde er von einem 140 PS starken Maybach-Motor HL 62 TRM. Von 1937 bis 1939 wurden vier Versionen gebaut: Ausf. B, Ausf. C, Ausf. D und Ausf. E. Insgesamt wurden 1226 Pz.Kpfw. II für den Polenfeldzug eingesetzt, und im folgenden Jahr über 1000 für die Invasion im Westen. Der Pz.Kpfw. II kam auch in Nordafrika und

Oben: Frankreich 1940 – eine Gruppe von Pz.Kpfw. 38(t) von General Rommels 7. Panzerdivision beim Angriff auf vorgeschobene französische Stellungen. Der Pz.Kpfw. 38(t) wurde bei der Invasion in Frankreich umfassend eingesetzt und konnte es mit den meisten alliierten Panzern in Geschwindigkeit und Feuerkraft aufnehmen. Aber selbst in dieser frühen Phase war der 38(t) nur eine Notlösung, die der Panzerwaffe eine Alternative zum Pz.Kpfw. III bot, dessen Produktion nur langsam anlief.

in der Eröffnungsphase der Invasion in der Sowjetunion in großer Anzahl zum Einsatz. Doch trotz seines extensiven Einsatzes zwischen 1939 und 1941 hatte der Panzer zweifellos eine zu schwache Bewaffnung und eine unzureichende Panzerung, die im Kampf nur wenig Schutz bot. Obwohl er an der Front nicht von großem Nutzen war, wurde die Produktion des Pz.Kpfw. II mit der Herstellung der Ausf. F, Ausf. G und Ausf. J fortgesetzt. Die Ausf. F verfügte über eine homogene 3,5-cm-Frontpanzerung, die Seitenpanzerung wurde auf 3 cm verstärkt. Eines der seltensten Fahrzeuge der Panzerwaffe war der Pz.Kpfw. II Ausf. L, der Panzerspähwagen »Luchs«. Nur 100 dieser Wagen wurden produziert und zwischen der 4. und 9. Panzerdivision aufgeteilt. Die Wagen der Gruppen- und Zugführer waren mit Funkgeräten FuG12 und Sternantenne ausgestattet. Der Rest war mit FuG Spr.Ger.f. ausgerüstet.
Obwohl der Pz.Kpfw. II nach 1941 nie mehr in großem Umfang eingesetzt werden sollte, fanden einige Einheiten, darunter auch Einheiten der Waffen-SS, Ende 1942 und Anfang 1943 Verwendung für ihn als Aufklärungsfahrzeug. Ab Februar 1943 ließ man den Panzer auslaufen und zog ihn von den Einsätzen ab. Bis Ende 1943 wurden alle Pz.Kpfw. II aus dem Frontdienst genommen. Viele von ihnen wurden in leichte Jagdpanzer »Marder« und Selbstfahrhaubitzen »Wespe« umgebaut.

Pz.Kpfw. 38(t)

Die Okkupation der Tschechoslowakei ermöglichte den deutschen Panzerkonstrukteuren im März 1939 die Erbeutung von 150 tschechischen LT-38, die noch in Produktion waren und fertig gestellt werden konnten; sie wurden als Pz.Kpfw. 38(t) Ausf. A in die Panzerwaffe eingegliedert. Nach der Einnahme der Tschechoslowakei wurde der LT-38 zum wichtigsten Kampfpanzer der Panzertruppe und blieb bis Mitte 1942 in Produktion.
Der Pz.Kpfw. 38(t) Ausf. A wog 9,6 t und wurde von einem 125 PS starken Praga-Motor EPA mit sechs Zylindern angetrieben. Seine Bewaffnung bestand aus einer 3,7-cm-KwK 38(t) L/47,8 sowie zwei 7,92-mm-MG 37(t) für die Nahverteidigung. Schätzungsweise 1400 Pz.Kpfw. 38(t) wurden in acht verschiedenen Versionen gebaut, von Ausf. A bis Ausf. F und den zwei späteren Typen, die Ausf. S und Ausf. G. Die späteren Modelle waren stärker gepanzert, bei einigen erfolgte die Umrüstung auf eine 3,7-cm-KwK 35/36 L/46,5

Rechts: November 1941, Russland – zwei Pz.Befw. 38(t) in Unterstützung der Infanterie. Dass es sich um einen Panzerbefehlswagen 38(t) handelt, ist an der Rahmenantenne über der Motorabdeckung und der taktischen Nummer an der Seite des festen Turms zu erkennen. Bis zu dieser Kriegsphase nahmen die Verluste an 38(t) an der Ostfront ständig zu. Mit seiner zu schwachen Bewaffnung und Panzerung war seine Wirkung ziemlich begrenzt. Mit dem mächtigen sowjetischen T-34 konnte er sich nicht anlegen.

deutscher Konstruktion. Einige wurden auch in Flammenwerferpanzer umgebaut, indem das Bug-MG durch einen Flammenwerfer ersetzt wurde.

Der Pz.Kpfw. 38(t) kam in den frühen Kriegsjahren in Polen, den Niederlanden, in Frankreich, auf dem Balkan und in den ersten paar Monaten der Invasion in Russland sogar an der Ostfront umfassend zum Einsatz. Der Panzer war jedoch viel zu schwach bewaffnet und gepanzert und besonders gegen russische Panzer von äußerst begrenztem Nutzen. Durch den immer dringenderen Bedarf der Panzerwaffe an schwereren Panzern wurde der Pz.Kpfw. 38(t) schließlich 1942 nur noch zu zweitrangigen Aufgaben herangezogen.

Bis dahin hatten die Konstrukteure als Reaktion auf die immer größeren Panzerverluste an der Ostfront zur ungewöhnlichen Methode gegriffen, das Fahrgestell für andere Zwecke zu adaptieren und die Feuerleistung der alten Panzer zu verstärken. Die ersten Umbauten des Pz.Kpfw. 38(t) brachten den Marder III und Flakpanzer 38(t) hervor. In den Jahren 1942 und 1943 entfernte man den Turm des Pz.Kpfw. 38(t) und baute den Panzer für die Ausbildung von Fahrern um. Diese turmlosen Panzer erhielten dann die Bezeichnung Pz.Kpfw. 38 (t) Schulfahrwanne. Es wurden verschiedene andere Umbauten vorgenommen, darunter ein schnelles, leichtes Aufklärungsfahrzeug, Munitions- und Haubitzenträger sowie Befehlspanzer.

Links: Anfang November 1941 – Panzerfahrzeuge der Heeresgruppe Mitte bei einer Parade auf der gefrorenen russischen Steppe westlich von Moskau. Beim Fahrzeug, das der Kamera am nächsten ist, handelt es sich um eine frühe Version des Funkwagens Sd.Kfz. 263. Dieser Panzerfunkwagen war mit einem weit reichenden Funkgerät ausgestattet und wurde bei den Fernmeldeeinheiten in Korps- und Armeehauptquartieren eingesetzt. Das Sd.Kfz. 263 war oben offen und trug keine Bewaffnung. Das Fahrzeug ist deutlich an seinen acht Rädern und seiner Rahmenantenne zu erkennen.

Oben: Ein Pz.Kpfw. I Ausf. B während der Invasion in Frankreich. Der leichte Panzer Pz.Kpfw. I wurde sowohl während des Polen- als auch des Frankreichfeldzugs umfassend eingesetzt. Er war mit einem schwenkbaren Maschinengewehr zur Nahverteidigung ausgerüstet. Darüber hinaus trug der Panzer zwei Funkgeräte, das Fu2 und Fu6. Der Antrieb erfolgte durch einen Maybach-Motor NL38TR mit sechs Zylindern und 100 PS. Die Gefechte in Frankreich zeigten, dass er zu schwach bewaffnet und gepanzert war und zur Bekämpfung schwererer feindlicher Panzer nicht in der Lage war.

Links: 1940, die Invasion in Frankreich – die Mündungsbremse eines nicht erkennbaren Kanonenrohrs beim Beschuss von Stellungen vor zwei Panzern. Die vorherige Bombardierung des Zielgebiets war ein wichtiger Auftakt eines Panzerangriffs: Die Angriffsflanken mussten in Rauch gehüllt und die feindliche Infanterie im Hinterland ausgeschaltet werden. Gelände, das nur unzureichende Deckung bot, wurde unter schweres Granatfeuer genommen, damit die Panzer mit größtmöglicher Geschwindigkeit durchfahren konnten.

Oben: Anfang November 1941 – die gefrorene Steppe als Bühne für eine Panzerparade. Einige Pz.Kpfw. I Ausf. B passieren eine Reihe von Panzermännern, darunter Regimentsmusiker und Trompeter. Einer der Panzermänner dient als Standartenträger und hält die Regimentsstandarte. Die Besatzungen tragen die alte schwarze Panzerschutzmütze. Obwohl der Pz.Kpfw. II an der Ostfront in großem Umfang zum Einsatz kam, konnte er gegen die überlegenen feindlichen Panzer nicht viel ausrichten, weshalb man die Produktion einstellte und ihn 1943 von den Einsätzen abzog.

Unten: Sommer 1941 – eine Gruppe von Pz.Kpfw. 38(t) wird in der frühen Phase des Russlandfeldzugs mit Pontonbrückenteilen über einen Fluss transportiert. Die übliche Vorgangsweise sah so aus, dass erst leichte Fahrzeuge mit Schlauchbooten übersetzten und dann eine Pontonbrücke für schwerere Fahrzeuge errichtet wurde. In diesem Fall werden jedoch die ersten verfügbaren Pontons als Lastkähne für Panzer verwendet, vermutlich weil die Panzer schon dringend gebraucht werden. Auf den Motorabdeckungen der Panzer sind Vorräte verstaut.

Rechts: Eine Kolonne von Pz.Kpfw. I Ausf. A auf einer staubigen Straße in Nordafrika, 1941. Die Panzer haben immer noch ihren alten dunkelgrauen Anstrich statt dem sandfarbenen und gehören zur 5. leichten Division (später in 21. Panzerdivision umbenannt). Bis 4. März 1941 hatte General Johannes Streich, Kommandeur der 5. leichten Division, Mugtaa erreicht und schlug die britischen Kräfte zurück. Innerhalb von einem Monat starteten die Panzer einen umfassenden Angriff mit drei Spitzen und erkämpften sich ihren Weg durch die offene Cyrenaika Richtung Tobruk.

Unten: Ein Pz.Kpfw. III passiert nach heftigen Kämpfen in der Libyschen Wüste ein zerstörtes Fahrzeug, 1942. Der Panzer erhielt einen gelben sandfarbenen Anstrich, den die Deutschen für die beste Tarnmethode hielten, um ihre Fahrzeuge in der Wüste weniger gut sichtbar zu machen. Eine weitere Maßnahme zur Geheimhaltung in Nordafrika, durch die nicht autorisierte Personen keine Informationen über Kennungszeichen von Einheiten und Truppenbewegungen gewinnen konnten, bestand im Weglassen der sichtbaren Kennung der Truppen auf den Fahrzeugen.

Oben: Ende Winter 1942, Russland – ein Panzermann der Waffen-SS auf einem durch den Schnee rasenden weiß gestrichenen Pz.Kpfw. III Ausf. J. Die Ausf. J war der erste Panzer, der bei der Waffen-SS in großer Stückzahl an der Front zum Einsatz kam. Im Frühjahr und Sommer 1942 wurden den motorisierten SS-Divisionen »Wiking« und »Das Reich« Panzerabteilungen mit der Ausf. J angegliedert. Die ersten paar hundert Stück waren immer noch mit der 5-cm-KwK L/42 bestückt, verfügten aber über eine homogene 5 cm starke Frontpanzerung. Spätere Versionen der Ausf. J erhielten die 5-cm-KwK 39 L/60.

Oben: Sommer 1941, Russland – Panzer der Heeresgruppe Mitte rücken während des rasanten Vormarsches nach Osten auf ihr Zielgebiet vor. Ein Pz.Kpfw. 38(t) führt die Kolonne an, knapp dahinter folgen zwei Pz.Kpfw. IV Ausf. F1. Zu Beginn der Invasion in der Sowjetunion stießen die Panzerdivisionen weit in russisches Gebiet vor und erzielten einen noch nie da gewesenen Erfolg gegen eine demoralisierte und gebrochene Armee. Gegen das primitive russische Straßennetz war die deutsche Panzertruppe jedoch machtlos. Hätten die Sowjets ein jenem der Invasoren vergleichbares Straßensystem gebaut, wäre Stalins Armee wahrscheinlich lange vor dem Herbst besiegt gewesen. Stattdessen mussten die deutschen mechanisierten Kräfte, deren Mobilität auf Räder- und nicht Kettenfahrzeugen beruhte, auf Straßen fahren, die für diese Art der Fortbewegung völlig ungeeignet waren.

Links: General Erwin Rommel bei einer Besprechung mit seinen Stabsmitgliedern in einer Wiese während der Invasion in Frankreich. Die hinter Rommel im hohen Gras rastenden Offiziere, Panzerbesatzungen und anderen Angehörigen der Panzerkolonne der 7. Panzerdivision sind von verschiedenen Fahrzeugen umgeben: einem Pz.Kpfw. 38(t), einer Seitenwagenmaschine BMW R75 und einem Opel-Blitz-Lastwagen. Hier erlangte Rommel seinen legendären Ruf, als seine Panzerdivision in nur 19 Tagen mit atemberaubender Geschwindigkeit über die belgische und französische Landschaft vorstieß.

Oben: Ein Pz.Kpfw. 38(t) auf dem Vormarsch 1940 während der Invasion in Frankreich. Dieses Fahrzeug wurde während des Feldzugs extensiv eingesetzt und von seinen Besatzungen als eine zuverlässige und effektive Waffe betrachtet. Der Entwurf des Kampfraums war wenig durchdacht, aber der Kommandant/Richtschütze hatte viel Platz und konnte mit der Munition im Turm die 3,7-cm-KwK mühelos laden. Der Pz.Kpfw. 38(t) wurde sowohl mit französischen als auch britischen Panzern fertig. Erst als es ein Jahr später zu den ersten Zusammentreffen mit Panzern T-34 kam, zeigte sich, dass seine Tage gezählt waren.

Oben: Ostfront, 1941 – die Besatzung eines Pz.Kpfw. 38(t) legt vor einem weiteren Marschtag ein paar Stunden Rast ein. Auf dem Heck des Panzers befindet sich genügend Verpflegung für die Dreimannbesatzung, die jetzt von zwei der Männer für die Fahrt festgeschnallt wird. Der Kommandant in schwarzer Panzeruniform hält ein Paar Uniformhosen für Panzerbesatzungen in der Hand. Besondere Beachtung verdient die 3,7-cm-KwK, die durch einen speziell zugeschnittenen Leinwandüberzug geschützt wird, in erster Linie, um das Rohr sauber zu halten, wenn es nicht in Verwendung war.

Oben: Frankreichfeldzug 1940 – ein Pz.Kpfw. 38(t) der Panzergruppe Kleist, der unter einem Baum eingegraben war, verlässt die Deckung. Von den 2702 gegen die Briten und Franzosen eingesetzten Panzern waren 264 Pz.Kpfw. 38(t), die auf die zehn Panzerdivisionen aufgeteilt wurden. Die Panzergruppe Kleist sollte den Hauptdurchbruch an der Maas durchführen, deshalb erhielt sie die gesamte Zuteilung an Pz.Kpfw. 35(t) und 38(t) des Heeres, die besten leichten Panzer der Panzerwaffe.

Rechts: Ein Pz.Kpfw. 35(t) rollt während des Polenfeldzugs von 1939 durch ein Dorf. Die Bewaffnung des Pz.Kpfw. 35(t) bestand ähnlich wie beim Pz.Kpfw. III aus einer 3,7-cm-KwK und einem koaxialen 7,92-mm-MG sowie einem weiteren in der Frontplatte. Das Fahrzeug wurde in Polen, Frankreich, Rumänien und Bulgarien und später an der Ostfront eingesetzt, verursachte aber im rauen russischen Winter Probleme, in dem sein Getriebe mit Druckluftschaltung nicht funktionierte.

Oben: Ein Pz.Kpfw. 35(t) auf einer Landstraße in Polen im September 1939. Der Pz.Kpfw. 35(t) wurde von einem wassergekühlten Praga-Motor EPA mit sechs Zylindern und 125 PS angetrieben. Bei späteren Versionen dieses leichten Panzers wurde der Motor mit Doppelvergaser ausgerüstet, wodurch sich die Leistung auf 150 PS steigerte. Es konnten 90 3,7-cm-Granaten und 2700 Schuss MG-Munition im Inneren verstaut werden, der Großteil davon im hinteren Turm. Die Besatzung dieses leichten Panzers bestand aus vier Mann: Kommandant/Richtschütze, Ladeschütze, Fahrer und Bugschütze/Funker. Der Kommandant befand sich links im Turm unterhalb einer primitiven Kuppel, in der sich vier Winkelspiegel und eine einteilige runde Luke befanden.

Oben: Russland 1941 – ein Besatzungsmitglied eines Pz.Kpfw. 38(t) steigt vom Fahrzeug. Das alte taktische Divisionszeichen in Weiß auf der Front links, gleich neben der Antenne, gibt die Zugehörigkeit zur 4. Panzerdivision an. Diese Division war in umfassenden Operationen an der Ostfront im Einsatz und wurde zu der von General Heinz Guderian befehligten Panzergruppe II abkommandiert, der Schneide der Heeresgruppe Mitte. Für die Invasion in Russland wurden insgesamt 623 Pz.Kpfw. 38(t) gegen die Rote Armee eingesetzt.

Unten: 1941 – außer Gefecht gesetzte und von der Besatzung aufgegebene russische Panzer. Doch noch während die deutschen mechanisierten Truppen immer tiefer nach Russland vorstießen und auf dem Weg beträchtliche Erfolge erzielten, begannen die Sowjets mit der Ausrüstung ihrer Truppe mit großen Stückzahlen der neuen Panzer T-34 und KV-1. Gemeinsam mit dem bevorstehenden rauen russischen Winter stellten sie die Deutschen auf ihre härteste Probe. Bald sollte es zu einer Wende im Krieg kommen.

24

KAPITEL 4

STURMGESCHÜTZE UND JAGDPANZER

Mobile Feuerunterstützung und Panzerjäger

Sturmgeschütze und Panzerjäger wurden in erster Linie entwickelt, weil man dringend eine wirksame Waffe gegen die hervorragenden sowjetischen Panzer benötigte. Sie leisteten einen wertvollen Beitrag und waren eine wichtige Unterstützung für die kämpfenden Truppen.

Links: Ostfront 1942 – der Kommandant eines StuG. III posiert für die Kamera. Dieses Sturmgeschütz mit der taktischen Nummer »131« wurde mit einer stärkeren Panzerung sowie mit einer langen 7,5-cm-StuK 40 L/43 versehen, um es wirksam in der Panzerbekämpfung einsetzen zu können.

Gegenüber: Infanterieübung mit Unterstützung eines Sturmgeschützes (StuG. III Ausf. A) im Jahre 1940; geübt wird die Panzerkooperation. Das StuG. III erwies sich dabei als wertvolle Infanterieunterstützung.

StuG. III

Die Sturmgeschütze (StuG.) wurden ursprünglich entwickelt, weil die deutsche Artillerie ein Panzerfahrzeug zur Feuerunterstützung der Infanterie im Kampf brauchte, das sowohl Panzer- als auch Sprenggranaten abfeuern konnte. 1939 rollte das erste Sturmgeschütz vom Fließband. Es war mit einer 7,5-cm-KwK L/24 bestückt, die in einen festen Aufbau auf dem Fahrgestell eines Pz.Kpfw. III integriert war. Das StuG. III Ausf. A wurde von einem 12-Zylinder-Maybach-Motor HL120 TRM mit 300 PS Leistung angetrieben, mit dem es auf der Straße maximal 45 km/h und im Gelände 19 km/h erreichte. Da das Sturmgeschütz in erster Linie als eine Nahunterstützungswaffe für die Infanterie entwickelt wurde, erachtete man diese Geschwindigkeit, besonders im Gelände, für mehr als ausreichend.

Erst im Frühjahr 1940 unterzog man eine Reihe von Serienmodellen einigen umfassenden Tests mit fünf Heeresbatterien, von denen eine sogar 1940 am Westfeldzug teilnahm. Später in diesem Jahr wurde eine weitere Sturmgeschützversion in Dienst gestellt, die Ausf. B, und 1941 folgten 548 weitere Sturmgeschütze der Ausf. C., Ausf. D und Ausf. E. Sie alle wurden in erster Linie für den Einsatz an der Ostfront gebaut und wurden sowohl für das Heer als auch für dessen Pendants bei der Waffen-SS in spezielle Sturmgeschützabteilungen eingegliedert.

In den ersten Wochen der Invasion in Russland erbrachte das StuG. III als Infanterieunterstützungswaffe gute Leistungen, wurde aber nach dem Erscheinen einer immer größeren Zahl von schweren sowjetischen Panzern zunehmend in einer anderen Funktion eingesetzt. Das StuG. III wurde ständig für die offensive und defensive Feuerunterstützung herangezogen und kam immer öfter in der Panzerabwehr zum Einsatz. Deshalb gab Hitler 1941 den Befehl, das StuG. III mit einer stärkeren Panzerung sowie einer stärkeren und längeren 7,5-cm-KwK zu versehen, um wirklich wirksam in der Panzerbekämpfung eingesetzt werden zu können.

Dieses stärkere Sturmgeschütz ging dann Mitte 1942 als StuG. III Ausf. F in Produktion. Das Fahrzeug war mit einer längeren 7,5-cm-StuK 40 L/43 bestückt und wurde umfassend an der Ostfront eingesetzt. Im folgenden Jahr 1943 rollte die letzte Sturmgeschützversion, die Ausf. G, vom

Fließband und wurde direkt der Truppe übergeben. Es verfügte über eine 7,5-cm-StuK 40 L/48 und trug für die Nahverteidigung auch ein 7,92-mm-MG 34.
Bis 1943 war das StuG. III auf dem Schlachtfeld häufig anzutreffen, 3041 davon kamen in diesem Jahr zum Einsatz. Weitere 4973 Sturmgeschütze wurden 1944 und Anfang 1945 in Dienst gestellt. Zu Beginn hatte das Sturmgeschütz der Infanterie die so wichtige mobile Feuerunterstützung gegeben und sich auch in der Panzerbekämpfung als ungeheuer wertvoll erwiesen, doch im Juli 1943 enthüllte es bei Kursk seine wahren Qualitäten als Panzerzerstörer. In einer Panzerschlacht vernichtete eine Sturmgeschützabteilung der Waffen-SS 129 sowjetische Panzer bei einem Verlust von nur zwei Sturmgeschützen.
Ein Jahr später leistete das Sturmgeschütz wieder hervorragende Dienste in der Ardennenoffensive, wo es an der Spitze der ersten viel versprechenden Angriffe stand. Das Sturmgeschütz erwies sich zwar in der Panzerbekämpfung und auf dem Schlachtfeld sowohl in der Offensiv- als auch Defensivrolle als äußerst effizient, der verstärkte Einsatz des StuG. III als Panzerabwehrwaffe beraubte die Infanterie jedoch ihrer Feuerunterstützung, für die das Sturmgeschütz ursprünglich ja gebaut worden war.

Panzerjäger und Jagdpanzer

Als die Wehrmacht 1941 immer tiefer in die Sowjetunion vordrang, traf sie auf immer härteren Widerstand, darunter von den schwereren und stärkeren modernen Panzern der Sowjets. Um dieser wachsenden Bedrohung zu begegnen und zu verhindern, dass ihre Frontlinien von den russischen Gegenstößen zerschlagen und überrannt wurden, forderten die deutschen Truppen beweglichere Panzerabwehrwaffen.
Das Ergebnis war die Entwicklung einiger Panzerjäger (Pzj.) durch Umbau bereits bestehender Fahrgestelle und Ausrüstung mit der effektivsten Panzerabwehrwaffe, die den Deutschen zur Verfügung stand. Die Entwicklung des Panzerjägers »Marder III« stand am Anfang einer Reihe von leichten Panzerjägern. Der auf dem Fahrgestell eines Pz.Kpfw. 38(t) aufgebaute und mit einer erbeuteten sowjetischen 7,62-cm-Feldkanone M36 bestückte Marder III verschaffte sich auf dem Schlachtfeld schnell Respekt und war mit Leichtigkeit in der Lage, den sowjetischen T-34 auf normale Kampfentfernung zu zerstören. Der Erfolg des Marders III führte zur Entwicklung eines ähnlichen Fahrzeugs, das mit einer starken 7,5-cm-Pak 40/3 ausgerüstet war. Unter Verwendung des Fahrgestells des Pz.Kpfw. 38(t) Ausf. H produzierten die Rüstungsfabriken in den Jahren

Oben: Zwei StuG. III mit vorrückender Infanterie auf einer aufgewühlten Straße in Russland, 1941. Das in erster Linie zur Infanterieunterstützung konzipierte StuG. III hatte einen gefürchteten Ruf. Für die Invasion in Russland konnten die deutschen Fabriken 548 StuG. III fertig stellen. Die Besatzung bestand aus vier Mann, Hauptwaffe war eine 7,5-cm-StuK 37 L/24 mit einem Schwenkbereich von 12,5 Grad links bis 12,5 Grad rechts. Der Antrieb erfolgte durch einen 12-Zylinder-Vergasermotor Maybach HL 120 TRM mit 300 PS Leistung, der eine maximale Geschwindigkeit von 45 km/h auf der Straße und von 19 km/h im Gelände ermöglichte.

Oben: Russland 1941 – ein StuG. III Ausf. E hat nach versuchtem Durchqueren eines Gewässers einen mechanischen Schaden erlitten. Das StuG. III war aber nur begrenzt »wassertauglich«. Drei Besatzungsmitglieder haben die Motorabdeckung geöffnet, um herauszufinden, wo das Wasser Probleme verursacht. Die Fahrzeugluke ist mit Planen abgedeckt. Das StuG. III war eine äußerst robuste, zuverlässige und effektive Waffe.

1942 und 1943 418 dieser Kampffahrzeuge. Bis 1944 kam eine neue abgeänderte Version in Dienst, der Marder III Ausf. M, von dem insgesamt 975 gebaut wurden.

Der Marder III war während seines gesamten Kriegseinsatzes eine effektive mobile Panzerabwehrwaffe, die immer vor Ort war, um die Infanterie bei der Panzerbekämpfung zu unterstützen. Obwohl das Fahrzeug verwundbar für Feindfeuer war, erwies es sich als wertvolle Waffe gegen die wachsende Bedrohung durch sowjetische Panzer. Der Marder III blieb auch nach 1942 weiterhin an der Front. Der Marder II basierte auf den Fahrgestellen alter Pz.Kpfw. II Ausf. D und Ausf. E und erhielt eine 7,62-cm-KwK. Spätere Umbauten trugen auch die 7,5-cm-Pak 40/2.

Der Erfolg von Marder II und III führte zur Entwicklung des Marders I. Der mit einer 7,5-cm-KwK bestückte Panzerjäger entstand durch den Umbau des von den Franzosen erbeuteten Lorraine-Schleppers. Insgesamt wurden 185 dieser französischen kistenähnlichen und oben offenen Fahrzeuge umgebaut und in Dienst gestellt. Trotz ihrer leichten Bewaffnung waren sie immer noch eine äußerst starke Waffe, die bei den meisten Eliteverbänden des Heeres 1944 an der Westfront in Verwendung war. Trotz der Tatsache, dass man diese Fahrzeuge schließlich 1944 zugunsten einer neuen Generation von vielseitig verwendbaren Jagdpanzern auslaufen ließ, standen Marder I, II und III auch weiterhin bei den Panzerjägerbataillonen von Heer und Waffen-SS in Dienst.

Der Jagdpanzer, der den Platz des Marders einnehmen sollte, war der Jagdpanzer 38(t) »Hetzer«, einer der fortschrittlichsten Jagdpanzer des Krieges. Mit einer modifizierten 7,5-cm-Pak 39 L/48 auf einem eigens verbreiterten Pz.Kpfw. 38(t)-Fahrgestell ging dieser Jagdpanzer mit der leicht zu erkennenden Silhouette seines gepanzerten Aufbaus 1944 in Produktion. Bis zum Sommer dieses Jahres wurde mit der Zuteilung zu den Panzerjägerbataillonen begonnen, und er blieb bis Kriegsende im Einsatz.

1944 ging mit einer verbesserten Version des StuG. III ein weiterer Jagdpanzer in Serienproduktion – der Jagdpanzer IV mit dem Spitznamen »Guderian-Ente«. Die letzte Version, der Pz.Kpfw. IV/70, wurde Ende 1944 in Dienst gestellt. Mit seiner 7,5-cm-StuK 42 L/70 erwies er sich für die Bekämpfung der schwersten sowjetischen Panzer als geeignet.

Ein weiterer seltener Jagdpanzer, der dieses Jahr vom Fließband rollte, war der Jagdpanther. Nur 382 dieser 45,5 t schweren Kolosse wurden gebaut. Es handelte sich um sehr starke Jagdpanzer mit einer 8,8-cm-PaK 43/3 L/71. Sie waren in einige der schwersten Kämpfe verwickelt und lieferten bis Kriegsende erbitterte Abwehrgefechte.

Rechts: Sommer 1942, Russland – eine Sturmgeschützbatterie wird von Panzergrenadieren eskortiert. Die enge Formation dieser Sturmgeschütze lässt darauf schließen, dass die Luftwaffe bereits die völlige Luftherrschaft hat. Den ganzen Krieg hindurch betrachteten sich die Sturmgeschützbesatzungen nicht als Panzermänner, sondern eher als Artilleristen, die zufällig ein mobiles Sturmgeschütz bemannten. Allmählich lernten die Männer ihr Sturmgeschütz aber zu schätzen: Im Kampf waren sie gegen direktes Infanteriefeuer geschützt und fühlten sich völlig sicher – außer vor Panzerabwehrfeuer.

Unten: Ostfront, Oktober 1941 – eine Gruppe von Soldaten in Deckung hinter einem StuG. III. Anscheinend haben die Soldaten feindliche Fliegerkräfte entdeckt, weil sich einer der Männer sogar unter dem Fahrzeug verbirgt. Über den Motorraum wurde eine Hakenkreuzfahne gebreitet, um aus der Luft erkannt zu werden und den Beschuss aus den eigenen Reihen zu vermeiden. Das StuG. III schlug sich während der ersten Gefechte in Russland sehr gut. Bei den frühen Versionen stellte das Fehlen eines Maschinengewehrs für die Nahverteidigung gegen Feindfeuer ein Problem dar, das jedoch bis September 1941 mit der Einführung eines MG Ausf. E behoben wurde.

Oben: Ein StuG. III Ausf. A wird 1940 unmittelbar vor der Invasion im Westen in einer Versuchsreihe einer genauen Prüfung unterzogen. Bei den Soldaten, die sich bald in den Kampf gegen die mächtigen britischen und französischen Kräfte stürzen sollten, war die Entwicklung eines mobilen Artilleriegeschützes, das der Infanterie Feuerunterstützung geben und auch mit dem raschen Vormarschtempo des Blitzkriegs mithalten konnte, äußerst willkommen.

Unten: Ein StuG. III passiert eine Kolonne von Pferdewagen in Südrussland, Sommer 1941. Die Panzerwaffe setzte ihren Vorstoß durch Russland fort, doch das Auftreten großer Stückzahlen sowjetischer schwerer Panzer erforderte den Einsatz des StuG. III in der Panzerabwehr. Damit wurde den Grenadieren aber die Feuerunterstützung entzogen, für die das StuG. III ursprünglich gedacht war.

Oben: Südrussland im Sommer 1942. Die Flammenwerferausrüstung wird am Heck eines StuG. III verstaut. Mit Fortschreiten des Krieges wurden solche Fahrzeuge immer dringender benötigt. Sie dienten nicht nur für den Transport von Truppen ins Kampfgebiet und zu ihrer Unterstützung im Kampf, sondern auch für die Beförderung von Verpflegung und Ausrüstung für die kämpfenden Truppen. Bis 1943 mussten wegen des Mangels an Transportfahrzeugen viele Sturmgeschütze und andere Geschütze auf Selbstfahrlafetten sowie Panzer immer mehr Vorräte mitführen.

Rechts: Ein StuG. III pflügt während des Balkanfeldzugs im April 1941 durchs Unterholz. Trotz einiger kleinerer Probleme mit dem StuG. III vor dem Überfall auf die Sowjetunion, zeigten Erfahrungen beim Balkanfeldzug, dass das Sturmgeschütz eine wertvolle Unterstützung für die kämpfende Infanterie war. Nirgendwo war dies deutlicher zu sehen als beim Berg Ochiron, wo die 72. Infanteriedivision von der Einheit 191 der 1. Sturmgeschützbatterie an der griechischen Metaxas-Linie Unterstützung erhielt. Zwischen 1941 und 1944 kam das StuG. III in Russland in dieser Rolle extensiv zum Einsatz.

Unten: Ein ausgeschlachtetes StuG. III Ausf. B. Diese frühe Version erwies sich zwar als wertvolle Infanterieunterstützungswaffe, seine kurze 7,5-cm-Kanone konnte aber nur 4 cm Stahl bei einer Neigung von 30 Grad durchschlagen. Dieses Fahrzeug ist mit einer 7,5-cm-StuK 37 L/24 ausgerüstet, wie sie bei den frühen mittleren Panzern, den Pz.Kpfw. IV, verwendet wurde. Der weiße Buchstabe »A« auf der Fahrzeugseite bedeutet, dass es sich um das erste Geschütz in der Batterie handelt.

Unten: Ein StuG. III am Ende einer langen Kolonne auf dem Vormarsch an der Ostfront im Sommer 1942. Mitgeführt wurden unterschiedliche Mengen an Spreng-, Rauch- und Panzergranaten. Im ersten Jahr an der Ostfront erwies sich das Sturmgeschütz für Infanteristen und Eliteverbände der Waffen-SS gleichermaßen als unentbehrlich. Die Entwicklung dieses vielseitig einsetzbaren mobilen Sturmgeschützes forderte einen tödlichen Tribut unter den feindlichen Panzerkräften und war besonders in der Unterstützung der Infanterie erfolgreich.

Links: Die Heckansicht einer nicht identifizierten Sturmgeschützausführung in Südrussland, 1942. Um auf alle Eventualitäten vorbereitet zu sein, werden auf der Motorabdeckung Holzpfähle mitgeführt, vermutlich für schlammige Wege nach einem Wetterumschwung. Das Fahrzeug musste seine Mobilität behalten, besonders abseits der Straße, um jeder Situation gewachsen zu sein. Hier im schwierigen gebirgigen Gelände des Kaukasus war die Aufrechterhaltung einer engen Kooperation zwischen Infanterie und Sturmgeschützen von wesentlicher Bedeutung.

Oben: Eine frühe Version des StuG. III auf der Durchfahrt durch eine deutsche Stadt Ende 1940. Die positiven Erfahrungen aus dem erfolgreichen Frankreichfeldzug führten bald zu einem weiteren Ausbau der Sturmgeschützstärke. Mit seiner starken Panzerung und hervorragenden Geländegängigkeit konnte das StuG – im Gegensatz zu den Geschützen der Divisionsartillerie – der Infanterie der Panzertruppen überall hin folgen. Seine Hauptaufgabe war die Ausschaltung schwerer Infanterie- und Panzerabwehrwaffen, die sich mit den schweren Infanteriewaffen nicht zerstören ließen.

Oben: Ein StuG. III in Unterstützung der angreifenden Infanterie. Das StuG. ist mit einer 7,5-cm-StuK 37 L/25 bestückt; außerdem besitzt es eine 5 cm starke Frontpanzerung und eine 4,3-cm-Seitenpanzerung, womit es einen besseren Schutz hatte als alle damaligen Panzer. Mit seiner niederen Silhouette für eine höhere Überlebenschance leistete es nicht nur in der Offensive wertvolle Dienste, sondern schlug sich auch in Abwehrschlachten hervorragend.

Rechts: Diese Aufnahme zeigt eine von einem StuG. III unterstützte Gruppe bulgarischer Soldaten auf dem Balkan im August 1944. Während dieser Zeit entsandten die Deutschen zur Verteidigung vor der herannahenden Roten Armee eine beträchtliche Zahl von Panzern in diesen Raum. 88 Pz.Kpfw. IV und 50 Sturmgeschütze wurden der bulgarischen Armee zur Verfügung gestellt. Hitler war gezwungen, sie als eine Reservetruppe gegen die Sowjets einzusetzen, und musste eingestehen, dass sie auf Grund ihres Hasses gegen die Griechen und ihrer Furcht vor den Türken unter den Verbündeten auf dem Balkan am verlässlichsten waren.

Unten: Ende Sommer 1944 – an der Ostfront hält ein StuG. III Ausf. G auf einem Feldweg. Die Besatzung unterhält sich mit einer Gruppe von Grenadieren. Damit die Umrisse des Sturmgeschützes von sowjetischen Jagdflugzeugen nicht so leicht auszumachen sind, die zu diesem Zeitpunkt des Krieges den Himmel beherrschten, wurde das Fahrzug mit Laub und Ästen getarnt. Für die deutschen Panzerkräfte war die russische Luftmacht der gefährlichste Gegner. Auf der Fahrt waren praktisch alle Panzerfahrzeuge getarnt, um nicht von den Fliegerkräften entdeckt zu werden.

Oben: Anfang 1945, im Westen Deutschlands – ein StuG. III Ausf. G rollt Richtung Frontlinie. Auch dieses Sturmgeschütz wurde vor der wachsenden Bedrohung durch die alliierten Fliegerkräfte wieder gut mit Laub getarnt. Das Fahrzeug war offensichtlich in schwere Kämpfe verwickelt, da es fünf seiner sechs Schürzenplatten eingebüßt hat. Bis zu diesem Zeitpunkt erlitten die Sturmgeschütze und ihre Besatzungen schwere Verluste. Das MG 34 ist mit einem speziellen Metallschild ausgestattet worden. Bis 1945 war es nicht unüblich, bei einigen Sturmgeschützen als zusätzlichen Schutz Beton anzubringen.

Rechts: Juni 1944, Normandie – nur ein paar Tage nach der erfolgreichen Landung der Alliierten in Europa. Stolz lässt sich ein britischer Soldat auf einem außer Gefecht gesetzten StuG. III Ausf. G in einem unbekannten französischen Dorf fotografieren. Wegen der immer ernsteren Engpässe an Panzern erhöhten die deutschen Fabriken die Sturmgeschützproduktion. Als Hitler im Dezember 1944 seine Ardennenoffensive startete, führten die StuG. III den deutschen Panzerangriff über Belgien Richtung amerikanische Linien an. Noch in den letzten Kriegsmonaten waren die StuG. III die häufigsten kämpfenden Panzerfahrzeuge bei der Waffen-SS.

Links: Dieses vermutlich 1940 während der Invasion in Frankreich aufgenommene Foto zeigt den ersten Ketten-Jagdpanzer der Panzerwaffe, ein Sturmgeschütz auf dem Fahrgestell eines Pz.Kpfw. I. Ausf. B. Das Fahrgestell wurde umgebaut, um die Kanone aufnehmen zu können. Dieses Fahrzeug wurde mit einer tschechischen 4,7-cm-Pak ausgerüstet. Der Aufbau für diese Waffe war auf drei Seiten durch Panzerplatten geschützt und bot einen begrenzten Schwenkbereich von 15 Grad. Insgesamt 86 Schuss Munition konnten verstaut werden, die Besatzung bestand aus drei Mann. Die Kanone blieb bis 1942 in Dienst.

Oben: Juli 1943 – die Besatzung eines Panzerjägers »Marder III« posiert für die Kamera. Der Marder III war der erste einer Reihe leichter Panzerjäger auf dem Fahrgestell eines Pz.Kpfw. 38(t). Das abgebildete Fahrzeug ist mit einer erbeuteten russischen 7,62-cm-Pak 36 ausgerüstet. Außerdem verfügte es für lange Fahrten über eine Sicherungsvorrichtung an der Wannenfront für das große Rohr. 418 dieser leichten Panzerjäger wurden 1942 produziert. Eine neuere Version, der Marder III Ausf. M, blieb bis Mai 1944 in Produktion. Insgesamt wurden 975 Stück gebaut.

Links: Mitte 1943 – ein Panzerjäger Marder III rollt auf einer russischen Straße entlang. Angetrieben wurde er von einem 125 PS starken Vergasermotor Praga EPA mit sechs Zylindern, die Höchstgeschwindigkeit betrug 42 km/h auf der Straße und 24 km/h im Gelände. Der Marder III war eine effektive Waffe und war sowohl für Wehrmacht als auch Waffen-SS die benötigte mobile Panzerabwehrwaffe.

Unten: Winter 1944, in den Ardennen – ein StuG. III Ausf. G mit einer 7,5-cm-StuK 40 L/48. Die Zimmeritbeschichtung ist deutlich zu erkennen. Wegen ihrer niedrigen Silhouette und dem geringen Treibstoffverbrauch waren diese Sturmgeschütze für Operationen in einem solch hügeligen Gelände die offensichtliche Wahl während der Ardennenoffensive.

Links: Deutsche Soldaten steigen auf ein StuG. III Ausf. G, Normandie, Juni 1944. Auf dem Sturmgeschütz ist ein MG 42 zu sehen. Das Sturmgeschütz wurde während der Schlacht in der Normandie in großem Umfang eingesetzt. Nicht weniger als 1673 Panzer und Sturmgeschütze wurden in Frankreich 1944 auf neun Panzerdivisionen aufgeteilt, doch bis Ende der Sommerfeldzüge war der Großteil dieser Fahrzeuge verloren gegangen. Trotz verzweifelter Versuche, die massiv reduzierten Bestände mit Ersatzfahrzeugen wieder aufzufüllen, reichte ihre Zahl nicht aus, um den Vormarsch der Alliierten aufzuhalten.

Oben: Irgendwo in Russland – drei mit erbeuteten sowjetischen Panzerabwehrkanonen bestückte Marder III überqueren eine Brücke. Dieses Fahrzeug besaß direkt auf dem Fahrgestell einen leicht gepanzerten, dreiseitigen Schild. Ohne wirklichen Schutz vor den Elementen, außer der von den Motoren abgestrahlten Wärme, verbrachte die Besatzung den ganzen Winter in Kälte und unter miserablen Bedingungen. Diese Fahrzeuge erwiesen sich jedoch für die Panzerwaffe als wertvoll und gaben nicht nur den Grenadieren der Waffen-SS mobile Panzerabwehrunterstützung, sondern dienten sogar der Wehrmacht als mobile Artillerieunterstützung an der Frontlinie.

Unten: Frankreich 1940 – eine Kolonne von Panzerfahrzeugen, bestehend aus einem 15-cm-sIG 33 (schweres Infanteriegeschütz) und Halbkettenfahrzeugen, am Straßenrand. Diese Geschütze waren zwar selten, von 1940 bis Kriegsende wurden aber die schweren Infanteriegeschützzüge der SS-Grenadiere und Panzergrenadierregimenter aus zwei sIG 33 gebildet. Das weiße »K« auf dem sIG 33 kennzeichnet seine Zugehörigkeit zur Panzergruppe Kleist. Der Buchstabe »E« und die taktische Nummer »706« bedeuten, dass es sich um das 4. Geschütz der schweren Infanteriegeschützkompanie 706 der 10. Panzerdivision handelte.

Links: Eine lange Kolonne von StuG. III Ausf. G auf dem Vormarsch auf gefrorenem Terrain im Winter 1944. Die StuG. III haben einen weißen Wintertarnanstrich erhalten und verfügen durch die Bank über intakte Schürzen, woraus zu schließen ist, dass sie nicht an schweren Kämpfen beteiligt waren. Die StuG. III sind mit der 7,5-cm-StuK 40 L/43 mit langem Rohr bestückt, die dem Gegner einen gewaltigen Schlag versetzen konnte. Neben der Hauptbewaffnung trägt das Sturmgeschütz ein 7,92-mm-MG 34 für die Nahverteidigung. 1944/45 wurden 4973 StuG. III Ausf. G produziert.

Rechts: Auf einer staubigen Straße rollt während des Balkanfeldzugs ein sIG 33 (schweres Infanteriegeschütz) der 704. Geschützkompanie der 5. Panzerdivision. Die vorne befestigte Plane ist aller Wahrscheinlichkeit nach zum Schutz der Kanone und des Kampfraums gegen Staub und Schmutz angebracht worden. In den Wochen und Monaten vor dem Überfall auf die Sowjetunion baute die Panzerwaffe unter Einsatz aller verfügbaren Reserven und Ressourcen ihre Angriffskräfte systematisch auf. Während des Russlandfeldzugs waren einige sIG 33 im aktiven Dienst, doch nach und nach verschwanden diese Geschütztypen. Nur die 5. Panzerdivision hatte einige davon bis zum Sommer 1943 noch im Einsatz.

Links: Anfang August 1944 – ein Sturmpanzer IV Ausf. J, auch »Brummbär« genannt, in Warschau. Die Hauptbewaffnung des Fahrzeugs ist eine 15-cm-StuH 43 L/12 mit kurzem Rohr. Insgesamt wurden 306 dieser »Brummbären« während des Krieges gebaut. Bei den ersten Versionen handelte es sich um 52 neue Pz.Kpfw. IV Ausf. E und F mit doppelter 10-cm-Frontpanzerung und 6-cm-Seitenpanzerung, einer Klappe als Sichtluke für den Fahrer, nicht aber für den MG-Schützen. Spätere Versionen, die Ausf. H und J, verfügten über ein in einer Kugelblende eingebautes 7,92-mm-MG 34 und waren mit Schürzen ausgerüstet. Die am Fahrzeug befestigten Schürzen bestanden aus 5 mm starken Stahlplatten, die zum Schutz gegen Hohlladungsgeschosse an speziellen Halterungen befestigt waren.

Rechts: 1943, Italien – ein weiterer Sturmpanzer IV Ausf. F bereitet sich aufs Gefecht vor. Dieser »Brummbär« verfügt noch nicht wie spätere Versionen über das aufgebaute MG 34. Die Sichtluke des Fahrers ist verdeckt und besitzt aus Sicherheitsgründen ein Periskop. Die 15-cm-StuH 43 L/12 mit kurzem Rohr war eine äußerst potente Waffe und war im Juli 1943 bei Kursk im Einsatz. Die erste mit Sturmpanzern ausgerüstete Einheit bei Kursk war die Sturmgeschützabteilung 216. Es war allgemein ein verlässliches Fahrzeug, obwohl etwas schwer und langsam. Das stellte aber nicht wirklich ein Problem dar, weil seine beabsichtigte Rolle ja darin bestand, im Vorfeld eines Infanterieangriffs schweres Feuer gegen feste Stellungen zu eröffnen.

Unten: Juli 1943, Kursk – ein sIG 33 auf dem Fahrgestell eines Pz.Kpfw. 38(t) »Bison« Ausf. M in schneller Fahrt auf einer Straße Richtung Front. Dieses Fahrzeug war mit einer starken 15-cm-Kanone bestückt. Mit dem Fahrgestell des Pz.Kpfw. 38(t) gehörte der »Bison« eigentlich zur Marderfamilie, die ebenfalls auf dem Pz.Kpfw. 38(t) basierte. In einer Feuerstellung stand der Besatzung ein über die Seitenpanzerung hinaus stehendes Panoramateleskop zur Verfügung. Dieses Fahrzeug wurde bestens getarnt. Im offenen Gelände musste die Besatzung ihre große Kanone so gut wie möglich tarnen, um nicht von den sowjetischen Fliegerkräften entdeckt zu werden.

KAPITEL 5

ARTILLERIE

Vernichtungswaffen

Die Artillerieunterstützung war für jeden Panzerangriff von wesentlicher Bedeutung und machte sowohl in der Defensive als auch in der Offensive einen großen Teil der erforderlichen Feuerkraft des deutschen Heeres aus.

Links: Sommer 1942 im Kaukasus – eine »Wespe«, ein Artilleriegeschütz auf Selbstfahrlafette, des 1. SS-Panzerartillerieregiments der 5. SS-Division »Wiking« fährt an einem zerstörten T-34 vorbei. Die Wespe war mit einer 10,5-cm-leFH 18/2 L/28 bestückt. Der Antrieb erfolgte durch einen Vergasermotor Maybach HL 62.

Geschütze auf Selbstfahrlafetten

1942 erkannte man bei den deutschen Streitkräften den gravierenden Mangel an Artillerie auf Selbstfahrlafetten als eine der Hauptschwachstellen innerhalb der Struktur der Panzerdivisionen. Die Entwicklung einer Reihe von Geschützen auf Selbstfahrlafetten wurde daher als zwingend angesehen. Das Ergebnis war die Konstruktion zweier Geschütze, die bis zum Kriegsende das Rückgrat der deutschen Panzerartillerie bildeten: »Wespe« und »Hummel«.

Die Produktion der »Wespe« begann 1942. Dabei handelte es sich um eine 10,5-cm-leFH (leichte Feldhaubitze) in einem oben offenen, schachtelförmigen Aufbau auf dem Fahrgestell eines Pz.Kpfw. II. Der Antrieb erfolgte durch einen Vergasermotor Maybach HL 62, die maximale Geschwindigkeit auf der Straße betrug 40 km/h und im Gelände 20 km/h. Zwischen 1942 und 1944 rollten 683 Selbstfahrlafetten »Wespe« vom Fließband und wurden der Truppe übergeben. Die »Wespe« blieb während des Krieges die am häufigsten gebaute leichte Feldhaubitze auf Selbstfahrlafette, denn der Entwurf eines brauchbareren Modells gelang den Konstrukteuren nicht.

Die »Hummel«, ein weiteres Geschütz auf Selbstfahrlafette, war beinahe ebenso beliebt wie die »Wespe« und trat ebenfalls 1942 in Erscheinung. Diese sehr effektive Waffe trug eine standardmäßige 15-cm-sFH (schwere Feldhaubitze) auf dem Fahrgestell eines Pz.Kpfw. III/IV. Von der Fertigstellung der ersten »Hummel« im Dezember 1942 bis zur Produktionseinstellung Ende 1944 wurden insgesamt 666 Selbstfahrlafetten »Hummel« gebaut.

Sowohl bei den Russen als auch ihren westlichen Alliierten sorgte die vernichtende Wirkung des deutschen Geschützes, die sie zum ersten Mal im Juli 1943 zu Beginn des Unternehmens »Zitadelle« zu spüren bekamen, für Beunruhigung. Trotz ihrer geringen Stückzahl erzielten diese beiden Geschütze auf Selbstfahrlafette in den folgenden zwei Kriegsjahren an beiden Fronten beträchtliche Erfolge. Bis Mitte 1944 stellten die alliierten Bombenangriffe bereits ein ernsthaftes Problem dar, und die Engpässe an Treibstoff und Ersatzteilen legten die Panzerdivisionen lahm, bei denen diese Geschütze im Einsatz waren. Bei Kriegsende wurden einige Selbstfahrlafetten »Hummel« und »Wespe« in unversehrtem Zustand erbeutet.

Links: Sommer 1941 an der Ostfront. Eine 15-cm-sFH 18 beim Abschuss einer Granate auf russische Stellungen. Die Haubitze hatte eine maximale Reichweite von 13.250 m. Artillerieunterstützung war Voraussetzung für einen erfolgreichen Panzerangriff. Um dem Panzerangriff nicht den Schwung zu nehmen, sorgten die Mannschaften dafür, dass das schwerste Feuer immer weit vor den Panzern oder sogar außerhalb ihres Abschnitts niederging.

Panzer- und Flugabwehrkanonen

Im Zweiten Weltkrieg standen der Wehrmacht verschiedene Panzerabwehrwaffen zur Verfügung. Zu diesen Waffen gehörten Panzerabwehrkanonen, Panzerabwehrminen, Raketenpanzerbüchsen und Panzerabwehrgewehre. Die erste bei Ausbruch des Krieges im Jahre 1939 bei der Wehrmacht in Dienst gestellte Panzerabwehrkanone war die 3,7-cm Pak-35/36. Im Polenfeldzug standen auf deutscher Seite rund 11.200 Pak 35/36 im Feld. Dort erwies sich die

Oben: Südlich von Obojan am 5. Juli 1943 – eine Selbstfahrlafette »Wespe« des Panzerartillerieregiments der Division »Großdeutschland« bezieht von Norden her ihre Stellung. Ihre starke 10,5-cm-leFH 18/2 war ziemlich schlagkräftig, das Fahrzeug selbst aber mit 1 cm Panzerstahl am Aufbau und 1,8 cm an der Wanne nur leicht geschützt. Durch die auf dem kleinen Fahrgestell montierte große Kanone war der Stauraum für Munition auf 32 Schuss begrenzt.

Oben: Während des Unternehmens »Zitadelle« im Juli 1943 durchquert eine gut getarnte »Wespe«-Batterie einen seichten Fluss. Um das zusätzliche Gewicht der Kanone auszugleichen, verfügte die »Wespe« über eine nur schwache Panzerung und hatte wie alle Geschütze auf Selbstfahrlafette eine offene Wanne, die Männern und Geschütz wenig Schutz bot. Der Grund dafür waren die Einsatzanforderungen: Die »Wespe« musste den Panzern über lange Strecken folgen, schnell die Richtung ändern und ohne Verzögerung sofort wieder feuerbereit sein.

Panzerabwehrkanone gegen den leicht bewaffneten Gegner mehr als ausreichend. 1940 traf die Wehrmacht in Frankreich aber auf schwere alliierte Panzer und stellte bald den begrenzten taktischen Wert ihrer kleinen Panzerabwehrkanone fest. Nach dem Westfeldzug kam man auf deutscher Seite zu dem Schluss, dass dringend eine schwerere Panzerabwehrwaffe gebraucht wurde.

Im folgenden Jahr musste das Heer an der Ostfront erleben, wie wirkungslos die Pak 35/36 inzwischen war, besonders gegen die neuen sowjetischen Panzer T-34 und KV. Trotz verschiedener Abänderungen zur Leistungssteigerung der Kanone war diese immer noch zu schwach, um die wachsende Panzerstärke der Roten Armee zurückzuhalten. Deshalb wurden neue Panzerabwehrwaffen gebaut, darunter die 5-cm-Pak 38, die 7,5-cm-Pak 40 und die starke 8,8-cm-Pak 43, die die tödlichste Panzerabwehrkanone in der späteren Kriegsphase war.

Eine weitere in großem Umfang gegen die sowjetische Armee eingesetzte Waffe war die Flugabwehrkanone. Als Erste wurde die 2-cm-Flak 30 in Dienst gestellt, die in Polen 1939 zum Einsatz kam. Nach dem Polenfeldzug wurden Verbesserungen an der Kanone vorgenommen, die dann als 2-cm-Flak 38 in Dienst gestellt wurde. Die Flak 38 war schon eine ganz hervorragende Waffe, doch die berühmteste deutsche Flugabwehrkanone war die schwere Flak 8,8. Nach einer Reihe von Verbesserungen im Jahre 1941 wurde die Kanone zu einer sehr wichtigen Waffe für die Panzertruppen, weil sie als Mehrzweckgeschütz auch in der Panzerbekämpfung mit äußerst tödlicher Wirkung eingesetzt werden konnte. Sie feuerte panzerbrechende Munition und konnte mit ihren Granaten 13,2 cm Panzerstahl auf 2000 m durchschlagen. Sie bewährte sich den ganzen Krieg hindurch in der Panzerabwehr und erfreute sich bei den Flakeinheiten, bei denen sie im Einsatz war, großer Beliebtheit.

Weitere im Krieg eingesetzte Flakwaffen waren solche, die hinten auf Halbketten-Zugmaschinen montiert waren. Die ersten mobilen Flakgeschütze dieser Art wurden nach dem Polenfeldzug produziert. Es handelte sich um einige 2-cm-Flak auf leichten Zugkraftwagen Sd.Kfz. 10. Bis 1942 gab es dann schon verschiedene Flakgeschütze auf Zugkraftwagen, wobei die populärste Variante wohl die 3,7-cm-Flak 36 auf dem mittleren Zugkraftwagen Sd.Kfz. 7 war. Sogar Opel-Blitz-Lastwagen und verschiedene andere Fahrzeuge wurden zu Trägern für Flakgeschütze umgebaut.

Artillerie

Die Artillerie gab sowohl in der Defensive als auch in der Offensive massive Feuerunterstützung und umfasste die Feld-, Gebirgs- und leichte Artillerie sowie Haubitzen. Vor allem die Artillerieregimenter waren für die Zerstörung feindlicher Stellungen und befestigter Verteidigungsstellungen sowie die Ausschaltung der gegnerischen Artillerie vor einem Panzerangriff verantwortlich. Der Einsatz von Artillerie war für die Bodentruppe beim Kampf gegen den Feind unerlässlich. Sowohl Infanterieregimenter als auch die motorisierten Artillerieregimenter wurden zum Rückgrat des Heeres und ebneten den Weg für die Panzerdivisionen, damit diese durch die feindlichen Linien stürmen und die ersten taktischen Erfolge erzielen konnten. Sobald ein Panzerangriff einmal im Rollen war, rückte die Artillerie mit der ersten Welle nach vorne und hielt jene Punkte unter Beschuss, an denen feindliche Panzerabwehrwaffen, Panzer und Artillerie standen oder vermutet wurden.

Das am weitesten verbreitete Artilleriegeschütz im Krieg war die 10,5-cm-leFH 18 (leichte Feldhaubitze). Über 5000 Stück davon standen bei Ausbruch des Krieges 1939 in Dienst. Später wurde die leFH 18 abgeändert und mit einer Mündungsbremse und stärkeren Treibladung versehen. Sie erwies sich jedoch bald als zu schwer und unhandlich, deshalb wurde 1941 das Rohr der Haubitze auf die Lafette der 7,5-cm-Pak 40 gesetzt.

Ein weiteres Artilleriegeschütz, das bis Kriegsende extensiv im Einsatz war, war die 15-cm- sFH 18 (schwere Feldhaubitze). Sie gab nicht nur den vorrückenden Truppen Unterstützung, sondern war auch für Truppen auf dem Rückzug von der Ostfront eine verlässliche Waffe bei der Verteidigung gegen die anhaltenden Angriffe der Roten Armee von allen Seiten. Anfangs wurde die sFH 18 noch von Pferden gezogen, was aber umständlich und zeitaufwändig war. Mit der Zeit wurden die Haubitzen fast ausschließlich von Zugkraftwagen gezogen, wobei der Transport im Allgemeinen in zwei Lasten erfolgte.

Es kamen auch verschiedene andere Feldkanonen an der Frontlinie zum Einsatz, wie zum Beispiel die 7,5-cm-leFK (leichte Feldkanone) und die 7,5-cm-Gebirgskanone 36 (Geb 36), die sowohl als Artillerie- als auch als Panzerabwehrwaffe dienten. Eine Waffe, die man seltener im Einsatz erlebte, war die 10-cm-sKanone 18, 18/40 und 40. Weiters wurde die 10,5-cm-Gebirgshaubitze 40 in Dienst gestellt, die zur deutschen Standardgebirgshaubitze des Krieges wurde. Eines der großkalibrigsten Geschütze war der 21-cm-Mörser 18 (Mrs 18) mit einer maximalen Schussweite von 28.000 m.

Oben: Eine »Wespe« bereitet sich auf den Beschuss russischer Stellungen vor, 1943. Ein Mannschaftsmitglied versucht mittels Fernglas die exakte Position des Gegners zu bestimmen, um dem Richtschützen die genaue Einstellung von Entfernung und Höhe zu ermöglichen. Die »Wespe« war im Krieg auf deutscher Seite die am häufigsten eingesetzte leichte Feldhaubitze auf Selbstfahrlafette.

Oben: Eine »Wespe« passiert auf ihrem Weg zur Frontlinie eine Gruppe russischer Bauern. Die Fahrerluke ist offen. Das Kanonenrohr, Wiege und Luftvorholer laufen durch einen einfachen Schlitz in der schrägen Frontplatte, waren aber nach hinten versetzt, um den Fahrerraum nicht zu beeinträchtigen und dem Fahrer nicht die Sicht zu nehmen. Die »Wespe« verfügte über eine gute Geländegängigkeit, erforderte aber wegen der kopflastigen Kanone, die das Lenken mitunter ziemlich schwierig machte, immer noch eine gewisse Geschicklichkeit im Manövrieren.

Oben: Ein Halbkettenfahrzeug Sd.Kfz. 10/4 räumt ein Waldgebiet, damit die Besatzung unter dem Schutz einiger Bäume eine vorübergehende Stellung errichten kann. Das Fahrzeug ist mit einer im hinteren Bereich montierten 3,7-cm-Flak 38 ausgerüstet. Das Wichtigste war, dass die Mannschaft genug Platz hatte. Im Gefecht ließen sich, wie hier zu sehen ist, die Seiten der Geschützplattform hinunterklappen, um mehr Platz bei der Bedienung der Waffe zu haben. Geschützmunition wurde griffbereit in Halterungen an den klappbaren Seitenteilen mitgeführt. Einige Fahrzeuge führten sogar einen einachsigen Munitionswagen mit.

Rechts: Eine Batterie von Haubitzen-Selbstfahrlafetten »Wespe« eröffnet in einem Abwehrgefecht in Polen im Spätsommer 1944 gleichzeitig das Feuer. Beide Kanonenrohre der Fahrzeuge sieht man hier im Rücklauf. Die Männer halten sich die Ohren zu, denn man kann sich leicht vorstellen, welchen Lärm diese Kanonen beim Feuern machten. Die im Frühjahr 1943 eingeführten Geschütze »Wespe« und »Hummel« bildeten bald das Rückgrat der Panzerartillerie. Zwischen 1942 und 1944 verließen 683 Geschütze auf Selbstfahrlafetten »Wespe« die Fabriken und kamen hauptsächlich an der Ostfront zum Einsatz.

Oben: Während des Unternehmens »Zitadelle« im Juli 1943 hat die Bedienung einer »Wespe« ihr Geschützrohr in Feuerstellung gebracht. Die »Wespe« blieb in den verbleibenden zwei Jahren bis Kriegsende eine zuverlässige und bewährte Waffe, die in allen Gefechtssituationen gute Dienste leistete. Unter ihren 38 leichten Artillerieeinheiten hatten die Panzerdivisionen der Wehrmacht etwa 76 Batterien mit diesen Geschützen auf Selbstfahrlafette ausgestattet, und mit Panzerbrigaden und Spezialeinheiten insgesamt rund 85 Batterien. Die »Wespe« blieb zweifellos das bekannteste und effektivste deutsche Geschütz auf Selbstfahrlafette.

Oben: Eine in Kämpfe verwickelte »Hummel« in Polen, Jänner 1945. Dieses schwere Geschütz auf Selbstfahrlafette besaß, um das Gewicht niedrig zu halten, auf der Wannenunterseite eine nur 2 cm starke Panzerung und am Aufbau eine 1 cm starke. Bis zu diesem Zeitpunkt hatten die Panzerdivisionen im Osten bereits massive Verluste erlitten. Die Panzerdivisionen erreichten kaum die erforderliche Stärke von über 100 Panzern, und neue Panzer wurden nicht den bestehenden Verbänden zugeteilt, sondern für den Aufbau neuer Divisionen herangezogen.

Oben: Der Kampfraum einer »Hummel«. Die Hummel trug eine standardmäßige 15-cm-sFh in einem leicht gepanzerten und im Heckbereich liegenden Kampfraum auf dem Fahrgestell eines Pz.Kpfw. III/IV. Dieses Fahrzeug wog stattliche 25,9 t. Aus Gewichtsgründen durfte die Besatzung nur 18 15-cm-Granaten auf einmal mitführen. Insgesamt wurden 666 Selbstfahrlafetten »Hummel« gebaut.

Unten: Eine 10,5-cm-leFH 18 M L/28 auf einem GW 39 H(f) Hotchkiss in der Normandie, Sommer 1944. 60 dieser Beutefahrzeuge wurden für Artilleriegeschütze umgebaut und ausschließlich in Frankreich eingesetzt. Die Aufrüstung dieser schweren und kompliziert zu bedienenden Beutefahrzeuge mit schlechter Motorleistung erfolgte nur unter dem Druck, eine größere Zahl von gepanzerter Artillerie auf das Schlachtfeld zu bekommen. Ihre Besatzungen verstanden es trotzdem, mehr als erwartet aus ihnen herauszuholen.

Oben: 1940, während der Invasion in Frankreich – die Bedienung einer 15-cm-sFH 18 bereitet sich auf den Beschuss feindlicher Stellungen vor. Vor einem Panzerangriff konzentrierten sich die Geschützmannschaften auf feindliche Panzer im Aufmarschgebiet und eröffneten das Feuer auf vermutete Panzerabwehrstellungen. Das Artilleriefeuer war in jenen Bereichen am stärksten, wo die Panzer nicht unmittelbar vorstießen, von wo aus sie aber wirksam angegriffen werden konnten. Es wurden auch Sprenggeschosse gegen vermutete feindliche Beobachtungsposten abgefeuert, um ihnen durch den Rauch die Sicht zu nehmen.

Unten: 1940, Frankreich – eine Feldhaubitzenmannschaft während einer Kampfpause. Um die Umrisse des Geschützes aufzulösen, wurde das linke Rad mit Planen abgedeckt. Die Erdsporne wurden nicht eingegraben, was auf einen schnellen deutschen Vormarsch schließen lässt. Die Aufgabe der Artillerie bestand vor einem Angriff in der Ausschaltung der gegnerischen Panzerabwehr im Gebiet zwischen der Kontaktlinie und der Linie der Regimentsreserve. Anhaltendes Abwehrfeuer hinderte den Gegner daran, das Feuer auf die Panzer im Aufmarschraum zu eröffnen und damit die Vorbereitungen für den Angriff zu unterbrechen.

Rechts: Eine Gruppe von Panzerfahrzeugen und eine schwere Feldhaubitze der 4. Panzerdivision am Ufer des Dnjepr in Russland. Anfang Juli 1941 durchbrach die 4. Panzerdivision die befestigte »Stalinlinie« und rückte in rasantem Tempo auf den Dnjepr vor. Am 4. Juli erhielten Einheiten der Division den Befehl zur Einnahme von Staryi Bychow und der Brücke über den Fluss. Hier stieß die Division dann auf starken russischen Widerstand. Obwohl sie sich bis nach Propoisk vorkämpfen konnte, besaß sie nach einigen schweren Panzerschlachten nur noch 25 einsatzfähige Panzer.

Unten: April 1941, Balkan – eine Vielzahl verschiedenster Panzerfahrzeuge, darunter Halbkettenfahrzeuge, auf einer verstopften Straße. Ein Halbkettenfahrzeug zieht eine 15-cm-sFH 18. Als die Wehrmacht den Balkan angriff, waren die Jugoslawen völlig überrumpelt. Nur zwei Drittel ihrer 28 Divisionen und drei Kavalleriebrigaden waren mobilisiert und es fehlte ihnen an moderner Ausrüstung, denn sie hatten keine Panzer und nur 300 veraltete Flugzeuge.

Rechts: Ostfront 1942 – ein wildes Artilleriebombardement erhellt den Nachthimmel. Während eines Panzerangriffs wurde das schwere Artilleriefeuer aufrechterhalten, um die aufeinander folgenden Panzersperren zu beschießen. Wenn den Panzern ein Durchbruch durch die vorgeschobenen feindlichen Verteidigungslinien gelang, wurde das weit vor dem Panzerangriff liegende Gebiet unter schweren Beschuss genommen. Jedem Artilleriekommandanten war auch die Verwundbarkeit der Flanken eines Panzerangriffs bewusst, deshalb erhielten die Artillerieeinheiten den Befehl, den Flankenschutz durch Sperrfeuer aus Spreng- und Rauchgranaten zu gewährleisten.

Unten: Juni 1940, Nordfrankreich – eine 15-cm-sFH 18 unter einem Tarnnetz. Diese starke Waffe hatte mit ihrer zerstörerischen Ladung eine Reichweite von 13.250 m. Als schwere Standardfeldhaubitze der Wehrmacht war sie sehr wirksam in der Räumung stark konzentrierter Verteidigungsstellungen, um Panzern und Infanterie einen ungehinderten Durchstoß zu ermöglichen. Der Transport dieser Haubitze erfolgte größtenteils mit Halbkettenfahrzeugen anstatt mit Pferden. Dadurch konnten die Mannschaften viel effektiver vorgehen und der Abstand zwischen Artillerie und Panzereinheiten wurde möglichst gering gehalten.

Oben: Eine zerstörte 10,5-cm-leFH 18 an der Ostfront während der frühen Phase des Feldzugs 1941. Diese Feldhaubitze war die Standardfeldkanone der leichten Batterien. Sie hatte ein Gewicht von 1985 kg und feuerte eine 14,8-kg-Granate mit einer maximalen Geschwindigkeit von 470 m/s auf eine Entfernung von bis zu 10.675 m. Im Gefecht erwies sich diese leichte Haubitze als zu schwer, weshalb ihr Rohr 1941 auf die Lafette einer 7,5-cm-Pak montiert wurde. Das Ergebnis war die leFH 18/40.

Links: Oktober 1941 – die Mannschaft einer 15-cm-sFH 18 schiebt eines der 43,52-kg-Geschosse ins Rohr, um die Haubitze aufs Gefecht vorzubereiten. Das Geschütz wurde mit viel Laub getarnt, auch die Erdsporne. In einer Panzerdivision gab es in einem Artillerieregiment gewöhnlich drei voll mechanisierte Batterien – zwei Batterien mit zwölf 10,5-cm-Haubitzen und eine mittlere Batterie mit einem Trupp von vier 10,5-cm-Kanonen und zwei Trupps mit vier 15-cm-Haubitzen.

Unten: Am Westwall, oder der Siegfriedlinie, am 15. April 1940 – das Rohr einer 15-cm-sFH 18 (schwere Feldhaubitze) ist gerade vom Wagen geladen worden und wird von der Geschützmannschaft durch die aufgeweichte Erde zurückgeschoben.

Rechts: Drei Zugkraftwagen Sd.Kfz. 10 für Geschütze in Italien 1943. Zwei der Fahrzeuge ziehen eine 7,5-cm-sPK (schwere Panzerabwehrkanone), die sowohl bei der Artillerie als auch bei der Panzerabwehr im Einsatz war. Die Zugkraftwagen Sd.Kfz. 10 wurden in erster Linie für das Ziehen von Geschützen und den Mannschaftstransport verwendet. Es gab auch Umbauten, wo die 3,7-cm-Pak 35/36 mit Schild im hinteren Bereich des Zugkraftwagens montiert war und über das Fahrerhaus hinaus feuerte. Als zusätzlichen Schutz für die Mannschaft waren einige dieser Fahrzeuge mit einem gepanzerten Fahrerhaus versehen.

Oben: Balkanfeldzug im April 1941. Ein Sd.Kfz. 7 mit einem aufgebauten Flakvierling hält in einer Stadt. Die ursprünglich von der deutschen Marine 1940 entwickelte 2-cm-Flak 38 wurde bald bei Wehrmacht und Waffen-SS eingeführt. Dieser starke Flakvierling konnte 1800 Schuss pro Minute abgeben, wodurch er nicht nur für tief fliegende Flugzeuge, sondern auch für Bodenziele zu einer gefürchteten Waffe wurde.

Oben: Ein Halbkettenfahrzeug zieht ein Geschütz mit seiner Mannschaft während des Balkanfeldzugs. Dieses Fahrzeug gehört zum Gebirgsartillerieregiment 79 der 1. Gebirgsdivision. Die Division hatte sich bei der Invasion in Frankreich und den Niederlanden 1940 sowie bei der Überquerung der Maas und Loire hervorragend geschlagen und nahm 1941 an der Invasion in Jugoslawien teil. Diesen Sommer war die 1. Gebirgsdivision auch bei der Heeresgruppe Süd in Russland im Einsatz und an umfassenden Operationen beim Uman-Kessel, bei Kiew, Stalino und der Dnjepr-Überquerung beteiligt.

Links: Anfang Juni 1940 – ein Pz.Kpfw. 38(t) donnert während eines Angriffs auf französische Stellungen an der Mannschaft einer 3,7-cm-Pak vorbei. Scheinbar behält die Bedienung der Pak die Flanken im Auge, um die angreifenden Panzer gegen feindliche Panzer zu sichern. Die Pak 35/36 wurde in der Anfangsphase des Krieges zur Standardpanzerabwehrkanone der Wehrmacht und Waffen-SS. Sie wog nur 432 kg und hatte einen abgeschrägten Schutzschild. Sie feuerte ein Vollgeschoss mit einer Mündungsgeschwindigkeit von 762 m/s auf eine maximale Entfernung von 4025 m.

Oben: Ein Opel-Blitz-Lastwagen zieht eine 3,7-cm-Pak 35/36 in Nordfrankreich, Juni 1940. Während der Invasion in Frankreich, die den Decknamen »Fall Rot« trug, erkannten Wehrmacht und Waffen-SS die begrenzten taktischen Einsatzmöglichkeiten der Pak 35/36, als ihre Truppen immer öfter auf schwerere feindliche Panzer wie den britischen Panzer »Matilda« und den französischen »Char B« stießen. Zur Verblüffung der deutschen Artilleristen prallten ihre 3,7-cm-Granaten einfach von der starken Panzerung ab, selbst wenn sie aus nächster Nähe abgeschossen wurden. Das Heer brauchte dringend effektivere Panzerabwehrwaffen.

Unten: Frühsommer 1942 – eine Gebirgsjägermannschaft einer 3,7-cm-Pak 35/36 hat gerade das Feuer auf einen näher rückenden sowjetischen Panzer eröffnet. Während der Kämpfe an der Ostfront musste das Heer bald feststellen, dass die bis dahin in Serie produzierte Pak 35/36 veraltet war. Zu Beginn des Überfalls auf die Sowjetunion standen 14.459 dieser Kanonen im Dienst. Sie konnten es jedoch nicht mit sowjetischen Panzern wie dem T-34 oder KV-1 aufnehmen. Zur Überraschung der Mannschaften prallten die Geschosse der Pak 35/36 einfach von der Frontpanzerung der T-34 ab.

Links: Irgendwo an der Ostfront – die Bedienung einer Pak 35/36 eröffnet an einer Straße das Feuer gegen russische Panzer. Dem Rauch nach zu urteilen, hat es vermutlich mehr als einen Einschlag gegeben. Mit Hilfe seines Feldstechers versucht einer der Männer vermutlich Ort und Entfernung des Ziels zu ermitteln. Es kam oft genug vor, dass russische Panzer in Pak 35/36-Stellungen einbrachen, sodass viele Mannschaften ihre Geschütze panikartig liegen ließen. Als 1941 bis 1943 schwerere Panzerabwehrkanonen in Dienst kamen, wurden diese Pak immer öfter den ausländischen Freiwilligeneinheiten sowie Ausbildungs- und Sicherheitseinheiten zugeteilt.

Oben: Ein Sd.Kfz. 251 und ein Sd.Kfz. 7 mit einer Pak 40 im Schlepptau durchqueren einen Fluss an der Ostfront, um ein Minenfeld zu umgehen. Die 7,5-cm-Pak 40 war eine schwere Waffe, die mit Leichtigkeit eine Granate auf eine Entfernung von bis zu 2000 m feuern konnte. Sie konnte 9,4 cm Stahl auf 1000 m durchschlagen. Sie erwies sich im Einsatz als starke und tödliche Waffe.

Rechts: Während der Truppenmassierung für die Kursk-Offensive im Juli 1943 fährt eine Halbketten-Zugmaschine mit einer Flak 8,8 im Kursker Frontbogen an einem haltenden Panzerjäger »Elefant«, vorbei. Der »Elefant«, nach seinem Konstrukteur Ferdinand Porsche auch als »Ferdinand« bekannt, basierte auf dem Fahrgestell des Tiger-Panzers. Er war mit einer 8,8-cm-Kanone bestückt, besaß jedoch kein Maschinengewehr zur Nahverteidigung gegen feindliche Infanterie und war zu langsam. Seine Feuertaufe erlebte er bei Kursk, er erwies sich aber als Reinfall und wurde nur in geringer Stückzahl gebaut.

Oben: Anfang Herbst an der Ostfront – eine Geschützmannschaft bereitet sich auf der weiten russischen Steppe aufs Feuern vor. Einer der Männer sieht gerade durch das Visier, um der Mannschaft Informationen über die genaue Entfernung und erforderliche Erhöhung der Kanone zu geben. Wenn die Granaten vor dem Ziel einschlugen, konnte er die notwendigen Korrekturen vornehmen. Die Männer tragen den Stahlhelm M35, nur der Mann am Visier trägt die Feldmütze M38.

Unten: Frankreich 1940 – ein umgebauter Zugkraftwagen 8 to mit einem Flakgeschütz. Dabei handelte es sich um eine hervorragende, zum Glück für die Alliierten aber seltene, improvisierte Flugabwehrkanone. Diese auf einer drehbaren Plattform montierte 8,8-cm-Flak feuerte eine 9,4-kg-Granate mit einer Mündungsgeschwindigkeit von 795 m/s. Sie verschoss Panzergranaten gegen Boden- und Luftziele. Eine voll ausgerüstete Mannschaft konnte 15 Granaten pro Minute feuern und Ziele in einer Höhe von bis zu 8000 m erreichen.

Rechts: An der Ostfront 1941 wird eine gut getarnte 8,8-cm-Flak 41 mit erhöhtem Rohr auf den Beschuss feindlicher Flugzeuge vorbereitet. Die 8,8-cm-Flak 18, oder »Acht-Acht«, war das wohl berühmteste deutsche Artilleriegeschütz im Zweiten Weltkrieg. Die Kanone war als Mehrzweckgeschütz ausgelegt und konnte auch sehr wirksam in der Panzerabwehr eingesetzt werden. Im Vergleich zum älteren Kaliber 56 hatte sie ein etwas längeres Rohr mit der Länge L/71, wodurch sie beim Feuern von panzerbrechenden Granaten eine erhöhte Mündungsgeschwindigkeit von 980 m/s und eine horizontale Reichweite von 20.000 m hatte. Der Geschützwagen wurde ebenfalls gut getarnt. Auf der offenen russischen Steppe waren Panzer für feindliche Beobachter besonders leicht auszunehmen.

Links: Eine Flakmannschaft während einer kurzen Kampfpause, Russland im Sommer 1942. Als die Sowjets 1942 mit immer schwereren Panzern gegen die Deutschen auftraten, forderten die Einheiten der Wehrmacht und Waffen-SS lautstark mehr Flakgeschütze, um mit der wachsenden Bedrohung fertig zu werden. 1942 erhöhten einige Divisionen die Zahl ihrer Flakbataillone, von denen jedes zwei oder sogar drei schwere Batterien umfasste. In einigen Frontabschnitten verfügten einige Einheiten kaum über genügend Panzer, um sich den russischen Ungetümen zu widersetzen, und riefen die Flakbataillone zu Hilfe, um den Vormarsch der Roten Armee zu stoppen. Während dieser Zeit wurden Flakgeschütze als Mehrzweckgeschütze auch in der Panzerabwehr eingesetzt.

Rechts: Eine »Acht-Acht« mit aufgerichtetem Rohr ist feuerbereit gegen mögliche russische Flugzeuge, 1942. Die Produktion dieses sehr zuverlässigen und vielseitigen Flakgeschützes wurde bis zum Kriegsende 1945 fortgesetzt. Der weiße Buchstabe »D« zeigt seine Zugehörigkeit zur 4. Batterie an. Interessant sind die Trefferringe auf dem 8,8-cm-Kanonenrohr. Solche Siegeszeichen, entweder um das Kanonenrohr gemalte Ringe oder die Umrisse oder Symbole vernichteter Ziele, waren bei den deutschen Militäreinheiten weit verbreitet. Sie gaben die Zahl der zerstörten feindlichen Ziele an: Flugzeuge, Fahrzeuge oder auch Brücken, Züge, Gebäude. Einem Panzer gelang sogar die Versenkung eines Schiffes!

Unten: Am Wolga-Ufer wird im August 1942 ein Flakgeschütz auf einen eigens für den Transport gebauten Anhänger geladen. Hinter der Flak befindet sich ein Pz.Kpfw. III. Am Kanonenrohr zeugen sieben Ringe von den erzielten Treffern. Solche Ringe wurden gewöhnlich in einer kontrastierenden Farbe aufgemalt – weiß auf einer dunkelgrauen Waffe, und schwarz, rot oder weiß auf dem später im Krieg verwendeten Wüstenbraun oder Dunkelgelb. Einige Flakgeschütze waren so oft im Einsatz und erzielten so viele Treffer, dass am Rohr kaum noch Platz für weitere Ringe blieb. Die Mehrheit der in Dienst gestellten Flakgeschütze wurde sowohl für Luft- als auch Bodenziele eingesetzt. Hunderte britische und amerikanische Bomber wurden von ihnen heruntergeholt, und am Boden wurden die mächtigen sowjetischen Panzerspitzen stellenweise von ihnen vorübergehend zum Stehen gebracht.

Oben: Frankreich 1944 – eine Luftwaffen-Flakmannschaft mit einem 2-cm-Flakvierling 38. Bis 1944 waren die mechanisierten Verbände mit Flakgeschützen gut ausgerüstet. Es gab motorisierte Flakbataillone, und bei den Divisionen wurden Panzergrenadier-, Panzer- und Artillerieregimenter mit zusätzlichen Flakzügen und -kompanien ausgerüstet. Die Flak 38 war eine ausgezeichnete Waffe gegen tief fliegende Flugzeuge und Bodenziele.

Oben: Dieselbe Luftwaffen-Flakmannschaft wie auf voriger Seite bereitet sich mit ihrem 2-cm-Flakvierling »Flak 38« aufs Gefecht vor. Der Kommandant gibt mit der Pfeife den Männern das Zeichen, sich bereit zu machen. Die Kanone war zu einem wahren Feuersturm fähig. Sie konnte 1800 Schuss pro Minute aus allen vier Rohren feuern. Die Mündungsgeschwindigkeit betrug 900 m/s und es konnten Ziele in einer Höhe von bis zu 2200 m beschossen werden. Die Kanone ließ sich außerdem leicht einstellen und hatte einen Schwenkbereich von 360 Grad, womit sie eine äußerst effektive Waffe war.

Links: Die Luftwaffen-Mannschaft dieser »Flak 38« beim Nachladen des Magazins. 1944 richteten die rund um die Uhr durchgeführten alliierten Bombenangriffe noch nie da gewesene Verwüstungen an. Bei den alliierten Angriffen wurden nicht nur Fabriken und Häuser zerstört, die in weiterer Folge die deutschen Kriegsanstrengungen schwächten, sondern es erfolgten auch regelmäßig Angriffe auf die Panzerdivisionen. Um die ernsthaften Verluste durch die Luftangriffe einzudämmen, wurden Tausende Flakgeschütze eiligst in Dienst gestellt und allen Waffengattungen der Streitkräfte zur Verfügung gestellt, auch den Einheiten an der Heimatfront.

Oben: Russland im Herbst 1941 – die Bedienung eines 2-cm-Flakvierlings. Diese Kanonen erwiesen sich in der Flugabwehr als äußerst wirksam. Die hier abgebildete Flak 38 wurde an einem Flussufer in Russland zur Sicherung der Brücke in Stellung gebracht. Diese Waffen wurden zwar an der Ostfront auch in der Panzerabwehr eingesetzt, waren aber gegen die schweren russischen Panzer nicht sehr erfolgreich.

Unten: Ein mittlerer Zugkraftwagen Sd.Kfz. mit einer 3,7-cm-Flak 36 auf der Fahrt durch Frankreich, 1940. Das Fahrzeug hat die komplette Besatzung an Bord, für die auf dem spärlichen Platz neben der Kanone das Manövrieren schwierig war. An den hinunterklappbaren Seiten des Halbkettenfahrzeugs ließen sich zusätzliche Magazine für die Kanone verstauen. Gewöhnlich wurde auch ein einachsiger Anhänger für die Unterbringung größerer Mengen wichtiger Ausrüstung und Munition mitgeführt. Dieses Sd.Kfz. 7 diente vermutlich zur Unterstützung einer der Panzerdivisionen auf ihrem Vormarsch durch Frankreich.

Rechts: Herbst 1941, Russland – eine Flak 38 auf einem Zugkraftwagen Sd.Kfz.10/4. Die mit Scharnieren befestigten Seiten- und Heckteile wurden heruntergeklappt, um auf dem Halbkettenfahrzeug mehr Platz für die Männer während eines Einsatzes gegen Luft- oder Bodenziele zu schaffen. Durch den Flakvierling erhöhte sich das Fahrzeuggewicht um 5,6 t. Diese Fahrzeuge wurden den ganzen Krieg über für das Tragen verschiedener Kanonen umgebaut.

Rechts: Ein mit einer 3,7-cm-Flak 36 und Schutzschild ausgerüsteter Zugkraftwagen bei der Unterstützung der Bodentruppen in der Nähe der Wolga, August 1942. Abseits der weiten Steppenlandschaft gab es die Möglichkeit groß angelegter Operationen nicht mehr. Der Krieg ging unaufhaltsam weiter, erst in den zerklüfteten Schluchten in den Wolgahügeln, dann nach Stalingrad hinein, wo im Stadtbereich die Bewegung der Panzerfahrzeuge nahezu unmöglich wurde.

Links: Anfang Juli 1942 – ein mit einer 2-cm-Flak 30 ausgerüsteter Zugkraftwagen Sd.Kfz. 10/4 durchquert einen seichten Fluss zwischen Rostow und Woronesch. Wenn man den deutlich auf dem Schutzschild aufgemalten Treffern glauben kann, war das Fahrzeug in schwere Gefechte verwickelt und es wurden mit dem Flakgeschütz mehrere Panzerfahrzeuge und etwa acht Flugzeuge abgeschossen. Die Flugabwehr gewann im September 1941 an Bedeutung, als die sowjetische Luftwaffe den Deutschen immer schwerere Verluste zufügte.

Oben: Ostfront – ein Sd.Kfz. 7/1 mit einer 3,7-cm-Flak 36. Das Sd.Kfz. 7 wog 11,2 t und wurde von einem 140 PS starken Maybach-Motor mit Wasserkühlung angetrieben, der eine maximale Straßengeschwindigkeit von 50 km/h ermöglichte. Dieses Fahrzeug gehört zu einer nicht identifizierten Waffen-SS-Einheit in Russland. Im Juli 1941 erhielt die Waffen-SS ihre erste mittlere Batterie mit 3,7-cm-Kanonen. Bis 1944 waren die mechanisierten Verbände der SS bereits gut mit Flakgeschützen ausgerüstet. Die Männer tragen den Stahlhelm M35/40 und eine Zeltbahn.

Oben: Die Mannschaft einer 3,7-cm-Flak 36 auf einem Zugkraftwagen in Russland, Spätsommer 1942. Das Kanonenrohr wurde erhöht, da die Mannschaft offensichtlich ein feindliches Flugzeug entdeckt hat. Die mit Scharnieren angebrachten Seitenteile wurden für den Kampf ganz entfernt, um genügend Platz zum Manövrieren zu haben.

Rechts: Ein Zugkraftwagen Sd.Kfz.10/4 mit einer 2-cm-Flak 30/38 sichert die Zufahrt zu einem russischen Dorf, September 1941. Besondere Beachtung verdient der Munitionsanhänger am Zugkraftwagen. Die am Fahrzeugheck befestigte Plane wurde zum Schutz der Flak verwendet, wenn diese nicht in Verwendung war, sowie zur zusätzlichen Tarnung. Wie bei allen Halbkettenfahrzeugen dieses Typs konnten die Seitenteile der Geschützplattform, wie in diesem Fall, entfernt oder hinuntergeklappt werden, um mehr Platz zu haben.

Oben: Die auf einem Opel-Blitz-Lastwagen montierte leichte 2-cm-Flak 30 wird als Unterstützungswaffe im Bodenkampf gegen eine von einer Gruppe britischer Soldaten verteidigte Stadt in Nordafrika eingesetzt, 1942. Die Kanone wog 436 kg und hatte eine Mündungsgeschwindigkeit von 900 m/s. Die Waffe war sehr effektiv und besaß eine Feuerrate von 120 bis 180 Schuss pro Minute. Während des gesamten Afrikafeldzugs improvisierten die Deutschen, indem sie verschiedenste handelsübliche Fahrzeuge für das Tragen von Flugabwehrkanonen verwendeten. Sie wurden auch gegen Bodenziele eingesetzt.

Oben: Anfang August 1941 – eine 3,7-cm-Flak auf einem Zugkraftwagen Sd.Kfz. 10/4 bei Roslawl-Briansk. Hier im sumpfigen und offenen Gebiet ließ sich schnell ein Kessel bilden. Die deutschen Batterien setzten täglich größere Artillerie- und Flakkonzentrationen gegen die ziemlich erschöpften Sowjets ein. Die Stärke der Roten Armee in dieser Region war anfangs auf über 70.000 geschätzt worden. Mit der Einnahme der Stadt Roslawl am 3. August erzielte die Wehrmacht einen der schnellsten wie auch vollständigsten Siege im Osten.

Rechts: Eine Mannschaft der Waffen-SS mit ihrer 7,5-cm-Pak 40 irgendwo an der Ostfront. Die Pak 40 bewährte sich in Russland und konnte schwere sowjetische Panzer leicht außer Gefecht setzen. Besonders die Geschütztrupps der Waffen-SS demonstrierten die Wirksamkeit dieser Waffe in einigen Panzerschlachten im Osten. Der große Schutzschild und die niedrige Silhouette sind auf diesem Foto deutlich zu sehen. Die Kanone wog 1425 kg und hatte einen Schwenkbereich von 65 Grad.

Oben: Eine Luftwaffen-Mannschaft mit ihrer 2-cm-Flak 30 beim Einsatz in Polen, September 1939. An den vielen um das Geschütz verstreuten Munitionsmagazinen ist zu erkennen, dass die Flak 30 in schwere Kämpfe verwickelt war. Sie wog 436 kg und hatte eine Feuerrate von 120 bis 180 Schuss pro Minute. Ihre Mündungsgeschwindigkeit betrug 900 m/s, die maximale Schusshöhe 2200 m. Die Flak 30 war während des Polenfeldzugs die am häufigsten eingesetzte leichte Flugabwehrkanone. Die Mannschaften holten relativ erfolgreich die Überbleibsel der polnischen Luftwaffe herunter.

Unten: Ein neben seiner 2-cm-Flak 38 stehender Artillerist sucht in der Morgendämmerung den Himmel nach feindlichen Flugzeugen ab, Russland 1941. Selbst in dieser frühen Phase des Feldzugs hatte man bereits über 2000 russische Flugzeuge zerstört, meist auf den vorgeschobenen sowjetischen Flugfeldern. Innerhalb von zwei Tagen nach dem Angriff waren über 500 Bomber der Roten Armee heruntergeschossen worden: Die zahlenmäßig stärkste Luftwaffe der Welt war in weniger als 48 Stunden praktisch ausgeschaltet worden. Die Wirkung der deutschen Luftwaffe, unterstützt von ihren Flakbatterien, zwang die Sowjets, den Rest des Jahres 1941 mit minimaler Luftunterstützung zu kämpfen.

Oben: Eine Flakmannschaft im Einsatz gegen feindliche russische Fliegerkräfte, 1942. Der Menge an verschossener Munition nach zu urteilen, ist die Kanone schon länger im Einsatz. Scheinbar ist sie auf einem Sd.Kfz. 7/1 oder Zugkraftwagen Sd.Kfz. 10/4 aufgebaut. Obwohl die leichte Flugabwehrkanone in großem Umfang gegen die erneute Bedrohung durch die sowjetische Luftwaffe eingesetzt wurde, mussten viele Flakmannschaften durch das wiederholte Auftreten schwererer feindlicher Panzer ihre Aufmerksamkeit von der Luft auf den Boden verlagern und ihre eigene Infanterie und Panzer in der Panzerabwehr unterstützen.

Rechts: Ein Fla-MG-Schütze sucht den Himmel nach feindlichen Flugzeugen ab. Mit Hilfe des runden Flakvisiers kann der Schütze Richtung und Position des durch sein Schussfeld fliegenden Flugzeugs ermitteln. Es handelt sich um modifizierte MG 34. Das MG 34 war eine verhältnismäßig leichte Konstruktion, für die entweder Trommelmagazine oder Patronengurte mit 50 Schuss Munition verwendet wurden. Das MG hatte eine effektive Reichweite von 2000 m und eine beeindruckende Feuerrate von 800 bis 900 Schuss pro Minute und somit eine beträchtliche Feuerleistung.

Oben: Juni 1941, Ostfront – ein Fla-MG-Schütze wird auf einem behelfsmäßigen Wagen transportiert. In diesen ersten Tagen der leichten Siege schien der Feldzug wie von selbst zu laufen. An der gesamten Ostfront winkten große Geländegewinne, aber einige Kommandeure machten sich bereits Sorgen über den großen Vorsprung der Panzer. Die Pferdewagen und Fußsoldaten blieben ja viele Kilometer hinter den vordersten Panzerspitzen zurück.

Oben: Vier Panzerwerfer 42 »Maultier« (Sd.Kfz. 4/1) an der Ostfront im Winter 1943. Ein Standardbataillon bestand gewöhnlich aus vier Batterien mit sechs Panzerwerfern, also insgesamt aus 24 Panzerwerfern. Jede Rakete wog 113 kg und hatte eine maximale Reichweite von 7850 m. Der Panzerwerfer 42 konnte eine volle Salve in nur acht Sekunden feuern, und drei volle Salven in fünf Minuten.

Unten: Ostfront 1943, die Mannschaft eines 15-cm-Nebelwerfers 41 bereitet ihren mit sechs Rohren versehenen Raketenwerfer vor. Der Nebelwerfer ist auf der Lafette einer leicht modifizierten 3,7-cm-Pak 35/36 montiert. Voll beladen hatte der Nebelwerfer 41 ein Gewicht von 770 kg und konnte sechs 34 kg schwere Raketen auf eine maximale Entfernung von 6900 m feuern. Die Soldaten sind Teil einer Nebeltruppe.

KAPITEL 6

AUFKLÄRUNG

Gefechtsvorbereitung durch Aufklärung

Die Aufklärungseinheiten verwendeten auf ihren geheimen Erkundungsvorstößen verschiedenste Panzerwagen und Kräder zur Beobachtung feindlicher Stellungen. Mitunter waren die mit diesen Fahrzeugen ausgerüsteten Einheiten stärker als der Gegner, auf den sie stießen.

Links: In Nordfrankreich lassen sich zwei Kradfahrer mit ihrer Seitenwagenmaschine fotografieren. 1940 wurden Kräder in großer Zahl für die Aufklärung eingesetzt. Mit ihren vielseitig verwendbaren Maschinen konnten die Männer feindliche Stellungen beobachten und sich, wenn sie unter Beschuss gerieten, rasch mit wichtigen Informationen über Position und Stärke des Gegners zurückziehen.

Krafträder

Die gefährlichsten Aufgaben auf dem Schlachtfeld hatten wohl die Aufklärungseinheiten durchzuführen. Auf gewagten Vorstößen mussten sie feindliche Stellungen auskundschaften, bis sie selbst unter Beschuss gerieten, um dann mit wichtigen Informationen, insbesondere über die Position des Gegners, wieder zurückzukehren. Dafür brauchten die Aufklärungseinheiten Fahrzeuge, mit denen ein schnelles Zurückziehen möglich war. Da das Krad diese Anforderung bis zu einem gewissen Maß erfüllte, verfügte jede Panzerdivision über eine leistungsstarke Kradkompanie. Ein ganzes Bataillon der Schützenbrigade der Panzerdivision war sogar mit Seitenwagenmaschinen ausgerüstet.
Bis 1940 hatten BMW und Zündapp mit der Serienproduktion von Seitenwagenmaschinen mit einem sehr starken 750-ccm-Motor begonnen, die über Kradhinterrad- als auch Seitenwagenantrieb verfügten. Auf weichem Untergrund oder schlechter Fahrbahn war das Krad aber trotz seiner enorm gesteigerten Leistung ziemlich untauglich. In den frühen Kriegsjahren fuhren viele Soldaten auf Krädern in den Kampf, Maschinen und Fahrer waren Handfeuerwaffen und Selbstschussfallen aber schutzlos ausgesetzt. Allmählich wurden sie in den Aufklärungs- und Fernmeldedienst verbannt. Es kamen aber weiterhin viele Kradfahrer bei Erkundungsfahrten um, weshalb man zum Schutz der Mannschaften eine weitgehende Ausstattung der Aufklärungstruppe mit Panzerfahrzeugen beschloss.

Links: Ein schwerer Sechsrad-Panzerspähwagen Sd.Kfz. 231 fährt an einer Reihe abgestellter Kräder und Seitenwagenmaschinen vorbei, Frankreich, Mai 1940. Die Seitenwagenmaschinen tragen vorne auf dem Seitenwagen eine weiße taktische Nummer. Der Buchstabe »G« auf dem Scheinwerferüberzug gibt die Zugehörigkeit dieser Fahrzeuge zum General der Panzertruppen Heinz Guderian an. Während des Frankreichfeldzugs standen die 1., 2. und 10. Panzerdivision sowie das als Elitetruppe geltende Infanterieregiment (mot.) »Großdeutschland« unter dem Befehl von General Guderian. Dieses Foto wurde unmittelbar nach der Einnahme von Sedan durch die 1. und 10. Panzerdivision aufgenommen.

Panzerwagen

1940 besaß die Wehrmacht über 600 Panzerwagen, genug um jeder Panzerdivision rund 50 oder mehr Fahrzeuge für Aufklärungszwecke zur Verfügung zu stellen. Anders als bei den Alliierten, stützte man sich bei der Wehrmacht bei der Informationsbeschaffung über die Feindlage vor dem Gefecht weitgehend auf den Einsatz von Panzerwagen. Sowohl Wehrmachts- als auch Waffen-SS-Einheiten waren mit Panzerfahrzeugen gut ausgerüstet, die sie in großer Zahl in der Aufklärung einsetzten. Diese gepanzerten Aufklärungseinheiten standen jederzeit bereit für eine Offensive oder eine gewagte Mission zur Beurteilung der Stärke und Absichten des Gegners. Auch im Kampf bewährten sich die Panzerwagen, obwohl es ihnen manchmal an der nötigen Feuerkraft fehlte, um effektive Erfolge zu erzielen.

Rechts: Juli 1943, Unternehmen »Zitadelle« – ein Kradfahrer mit einem Offizier als Beifahrer hält, um sich bei zwei Kradfahrern einer nicht bekannten Feldgendarmerieeinheit des Heeres zu erkundigen. Beide Feldgendarmen haben einen silbernen Ringkragen mit Kette umgehängt. Die Feldgendarmerie war eine Militäreinheit mit polizeilichen Vollmachten und war Teil des Feldheeres. Zu ihren Aufgaben gehörten in erster Linie die Regelung des Verkehrs in besetzten Gebieten, die Kontrollen in Häfen und auf Flugfeldern, der Polizeidienst und Patrouillen.

Um sie weiterhin für die Aufklärung des Gefechtsfeldes einzusetzen, war es von entscheidender Bedeutung, dass sie ihre Vorteile wie Tarnung, Schnelligkeit und Überraschungsmoment ausnutzten. Als der Gegner mit immer stärkeren Waffen auftrat, schickte man deshalb eine Vielzahl von Panzerwagen ins Feld.

Bei Ausbruch des Krieges im September 1939 besaßen Wehrmacht und Waffen-SS verschiedene Panzerfahrzeuge, die hauptsächlich für Aufklärungszwecke eingesetzt wurden. Ein beliebtes Fahrzeug war der 3,7 t schwere Vierrad-Panzerspähwagen Sd.Kfz. 221. Seine Besatzung bestand aus zwei Mann, die Bewaffnung aus einem 7,92-mm-MG 34. Ein anderes bei den Aufklärungseinheiten sehr geschätztes Fahrzeug war das Sd.Kfz. 222, das mit einer 2-cm-KwK 30 und einem in einen oben offenen Drehturm eingebauten koaxialen MG 34 bestückt war.

Eine seltenere und ebenfalls für Aufklärungszwecke eingesetzte Variante dieses Fahrzeugs war der Vierrad-Funkwagen Sd.Kfz. 223. Hauptwaffe war das MG 34, außerdem war er mit einem speziellen Nachrichtengerät ausgerüstet und hatte einen dritten Mann als Funker an Bord. Alle drei Fahrzeuge waren vielseitig einsetzbar, widerstandsfähig und legten mit einem Tank weite Strecken zurück. Wenn man die Reifen abmontierte, fuhren sie auch auf den deutschen Eisenbahnschienen.

Den ganzen Krieg über nahm die Wehrmacht Umbauten verschiedener Panzerfahrzeuge für Aufklärungszwecke vor. Die Panzerfunkwagen Sd.Kfz. 260 und 261 waren nur zwei Beispiele der vielen in der Aufklärung eingesetzten Fahrzeuge. Beide Panzerfahrzeuge waren oben offen und trugen keine Bewaffnung. Im Schutz der Dunkelheit oder gut getarnt im Unterholz eines dicht bewaldeten Gebiets dienten sie ausschließlich der Nachrichtenübermittlung, für die sie mit verschiedenen Antennen und Funkgeräten ausgestattet waren.

Ein weiteres Aufklärungsfahrzeug war der Sechsrad-Panzerspähwagen Sd.Kfz. 231. Dieses schwere Geländefahrzeug war mit einer 2-cm-KwK 30 in einem Drehturm bestückt, die Besatzung bestand aus vier Mann. Eine Version des Sd.Kfz. 231 war das Sd.Kfz. 232, das für Fernmeldezwecke mit zusätzlichen Funkgeräten und einer großen Bügelantenne ausgerüstet war.

1942 benötigte die Wehrmacht eine zweite Generation von Panzerspähwagen für die Aufklärung, um mit der wachsenden Bedrohung durch schwere sowjetische Panzer besser fertig zu werden. Das Ergebnis war der schwere Achtrad-Panzerspähwagen Sd.Kfz. 234. Von diesem Fahrzeug gab es vier Versionen, deren Grundmodell, das Sd.Kfz. 234/1, viel schwerer als alle vorherigen Panzerspähwagen war. Das Sd.Kfz. 234/1 verfügte über eine 2-cm-Kanone. Ein Jahr später, 1943, zeigte sich, dass das Fahrzeug im Kampf zu schwach war, deshalb führte man den schweren Panzerspähwagen »Puma« (Sd.Kfz. 234/2) ein. Er verfügte über eine starke 5-cm-KwK L/60 mit langem Rohr in einem Drehturm. Bald nach seinem Erscheinen erfreute sich der Puma großer Beliebtheit bei den Panzeraufklärungsbataillonen.

Der Erfolg des »Puma« führte zum Bau des Sd.Kfz. 234/3. Diese auf den neuesten Stand gebrachte Version trug die starke 7,5-cm-KwK L/24, die vorher in die vor 1941 produzierten Pz.Kpfw. IV eingebaut wurde. Das oben offene Fahrzeug war schlecht geschützt, weshalb die Besatzungen sich nicht gerne dem feindlichen Feuer aussetzten und sich fast immer außerhalb dessen Reichweite hielten.

Als letzte Version wurde 1944 das Sd.Kfz. 234/4 in Dienst gestellt. Dieser Panzerspähwagen wurde mit der noch schlagkräftigeren 7,5-cm-KwK L/48 nachgerüstet, die in einen oben offenen Aufbau eingebaut wurde. Der anfangs für Aufklärungszwecke gedachte Panzerspähwagen wurde bis Kriegsende in erster Linie in der Panzerabwehr eingesetzt.

Unten: Juni 1940 – während des Frankreichfeldzugs wird einem Kradfahrer wahrscheinlich ein Funkbericht aus einem Funkwagen ausgehändigt. Die Funkwagen hielten sich immer nahe der Frontlinie auf, um eine ständige Funkverbindung zwischen der kämpfenden Truppe an der Front und den Einheiten im Hinterland zu haben. Manchmal mussten aber trotzdem wichtige Schriftstücke an verschiedene Frontabschnitte gebracht werden.

Rechts: Sommer 1942 – zwei Kradfahrer bei einer Rast in einem Feld. Während der frühen Kriegsphase fuhren viele Männer auf Krädern ins Gefecht und stiegen zum Kämpfen ab. Sie waren jedoch verwundbar für Feuer aus Handfeuerwaffen und Selbstschussfallen, weshalb sie bis Ende 1941 allmählich von der Front zu verschiedenen Fernmelde- und Aufklärungseinheiten verlegt wurden. Doch auch in ihrer neuen Rolle blieben die Verluste hoch. Deshalb hielt man es mit Fortschreiten des Krieges für immer wichtiger, die Aufklärungskräfte zum Schutz der Männer mit gepanzerten Fahrzeugen auszustatten.

Rechts: Eine der Gefahren für die Kradfahrer, besonders in der Sowjetunion, war der schlechte Straßenzustand. In einem der zahlreichen Wälder Westrusslands sieht dieser Kradmelder seinem Kameraden beim Beheben einer Reifenpanne zu. Die Fahrt durch die großen Waldgebiete mit ihrem dichten Unterholz erwies sich oft als riskantes Unternehmen, und die Verlustrate unter den Kradfahrern war unweigerlich hoch. Unter solchen Bedingungen gelang den Deutschen die Säuberung der Wälder und die Ausschaltung der Roten Armee und der Partisanen nie wirklich. Wenn deutsche Patrouillen, von Panzern eskortiert, die Wälder durchkämmten, bestand die russische Taktik darin, sich tiefer zurückzuziehen, bis die Deutschen vorbei waren. Dann griffen die sowjetischen Soldaten die nachfolgende Infanterie aus dem Hinterhalt an, der sie schwere Verluste zufügten.

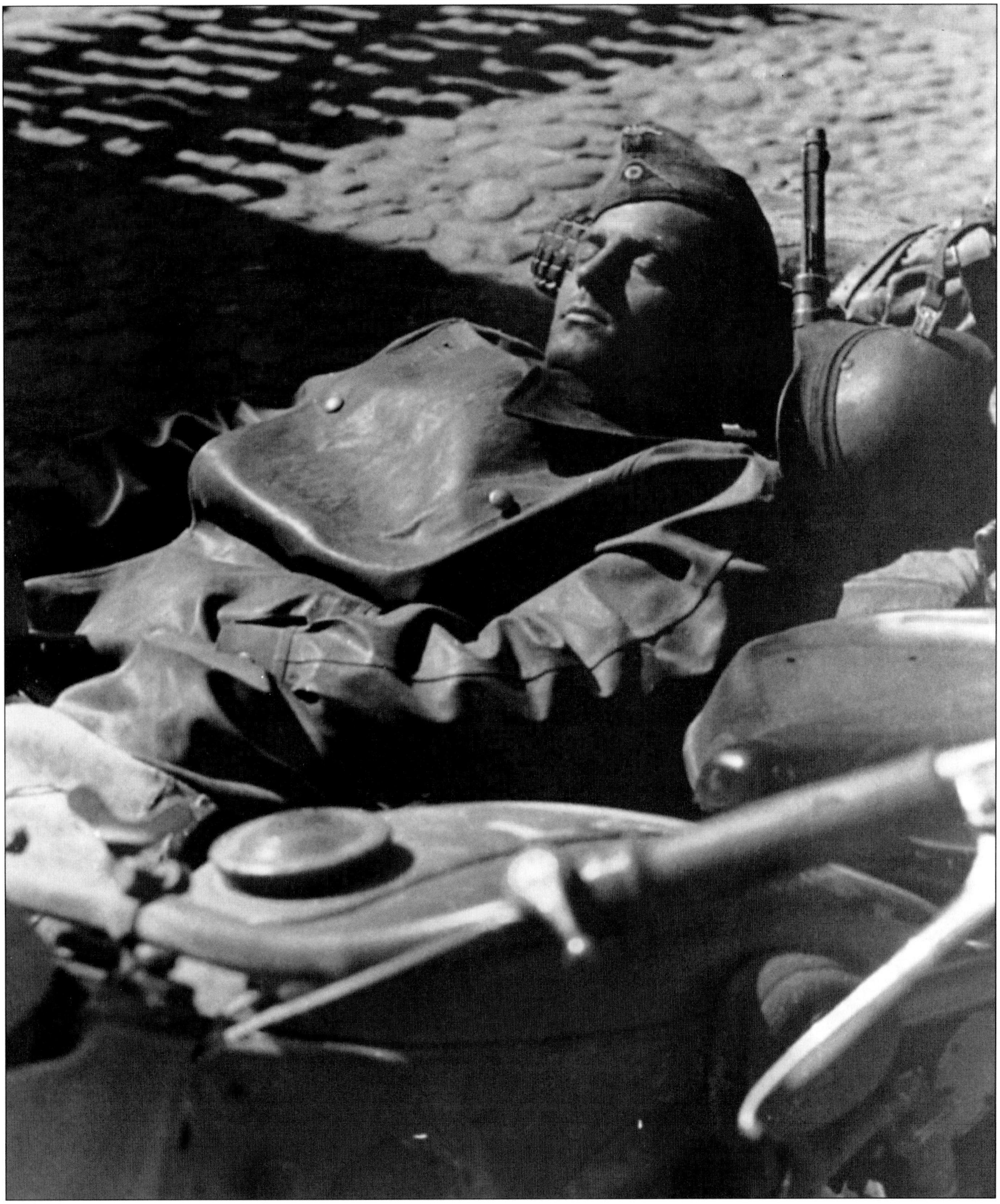

Oben: Sommer 1942 – ein Kradfahrer bei einer Rast in seiner Seitenwagenmaschine. Die langen Fahrten mit einem Krad über die Weite der Sowjetunion waren eine große körperliche und psychische Belastung. Der Kradfahrer trägt den doppelreihigen beschichteten Kradmantel. Dieser war wasserdicht und wurde mit den Einheitshandschuhen des Heeres aus Leinwand und Leder oder mit Stofffäustlingen sowie mit Überschuhen und Gamaschen oder Heeresstiefeln getragen. Wenn erforderlich, wurde die Ausrüstung über dem Kradmantel getragen. Der Kradfahrer trägt die Feldmütze M38, sein Stahlhelm M35 ist zusammen mit dem Mausergewehr und der Ausrüstung hinter ihm verstaut.

Oben: Eine Kolonne unterschiedlicher Fahrzeuge, ein Panzerwagen und zwei Kradfahrer von der 5. leichten Division in Tripolis, 1941. Beim vordersten Fahrzeug handelt es sich um einen Volkswagen Typ 82 Kfz. 1. Mit seinem luftgekühlten Motor hielt der Wagen den Anforderungen in der nordafrikanischen Hitze sehr gut stand. Er war schnell, wendig, robust und meisterte alle Geländearten. Er wurde nicht nur von der Infanterie für verschiedene Unterstützungs- und Aufklärungsaufgaben eingesetzt, sondern auch von Offizieren benutzt. Im Laufe des Krieges wurden mehrere Versionen davon hergestellt, darunter ein Viersitzerwagen, ein Messtruppkraftwagen mit vier Sitzen, ein Sanitätswagen mit zwei Sitzen auf der linken Fahrzeugseite, ein Funkwagen mit drei Sitzen und sogar ein Halbketten-Schienenfahrzeug.

Rechts: Eine der vielen Kradwerkstätten für die Reparatur der enormen Zahl von Krädern, die an der Ostfront 1941 im Einsatz waren. Unter den wachsamen Blicken ihrer Ausbilder nehmen diese Mechanikerlehrlinge Einstellungen an ihren Maschinen vor. Das Krad wurde im Kampf und in der Aufklärung eingesetzt. Jede Panzerdivision verfügte über Hunderte von Krädern, die unter den Panzer- und Schützenregimentern, Flakabteilungen, Artillerieregimentern, Pionieren, Versorgungseinheiten, Fernmelde- und natürlich Aufklärungseinheiten aufgeteilt wurden.

Rechts: Ein Kradfahrer mit dem grau-grünen Kradmantel. Dieser locker sitzende gummierte Mantel wurde unabhängig vom Rang an die Angehörigen von Kradeinheiten und an einzelne Kradfahrer ausgegeben. Der Mantel konnte hinten um die Beine des Fahrers gerafft und festgeknöpft werden, um ein leichteres und sichereres Fahren zu erlauben. Dieser Kradfahrer trägt außerdem Lederhandschuhe, Überschuhe und Gamaschen. Die Gasmaskenbüchse wurde in Fahrzeugen oder auf Krädern aus Gründen der Bequemlichkeit auf der Brust und nicht auf dem Rücken getragen.

Unten: Sommer 1944 – ein Offizier wird auf einem BMW-Krad mitgenommen, das eine Pontonbrücke überquert. Unter dem Offizier hängt die Ledertasche des Kradfahrers, die seine persönliche Ausrüstung sowie verschiedene Karten oder Papiere enthielt. Leder und Leinwand waren die gängigsten Materialien für solche Gepäcktaschen, denn sie schützten den darin verstauten Inhalt einigermaßen sicher vor den Elementen. Eine Zeltbahn wurde ebenfalls hinten auf dem Krad verstaut. Sie diente als Zelt oder Umhang, wodurch der Soldat nicht mehr so vom Wetter abhängig war und sich frei bewegen konnte.

Oben: Eine Kolonne von Panzerfahrzeugen auf der Durchfahrt durch eine verlassene Stadt nahe Belgrad während des Balkanfeldzugs 1941. Hinten auf dem Seitenwagen ist eine zusammengerollte Zeltbahn zu sehen. Ihrer Größe nach zu urteilen, haben die Kradfahrer mehrere Zeltbahnen zu einem Zelt verbunden. Beim Fahrzeug davor handelt es sich um einen Panzerspähwagen Sd.Kfz. 221. Die Besatzung dieses vierrädrigen Fahrzeugs bestand aus zwei Mann, der Antrieb erfolgte durch einen 75 PS starken Vergasermotor Auto Union Horch V 8. Es war mit einem 7,92-mm-MG 34 ausgerüstet, für das 2000 Schuss Munition mitgeführt wurden.

Rechts: Dieser Kradfahrer mit Karte trägt den wasserdichten Einheitskradmantel mit einem Kragenaufschlag aus feldgrauer Wolle und zwei großen Taschen mit zuknöpfbarer Klappe. Seine Gasmaskenbüchse hängt vorne über der Brust. Interessant sind seine Fliegerbrillen, die an alle Kradeinheiten ausgegeben wurden. Besondere Beachtung verdient auch die Taschenlampe – sie wurde in der gesamten Wehrmacht an alle Ränge ausgegeben und sollte mit einem kleinen an der Taschenlampe angebrachten Lederband an einem Uniformknopf festgemacht werden. Kradfahrer gab es in allen Einheiten einer Panzerdivision, besonders in den frühen Kriegsjahren. Sie waren sogar Teil des Divisionsstabs, dem Kopf der Panzerdivision, zu dem ein Kradmeldezug gehörte. Dieser war für die Panzerdivision von wesentlichem Wert, denn er ermöglichte Offizieren und Stabsmitgliedern den Austausch wichtiger Meldungen im Gefecht.

Unten: Russland, 1941– ein Krad und eine Seitenwagenmaschine, die mit dem Motorboot transportiert wurden, werden nun unter äußerster Anstrengung an Land geholt. Mit Hilfe eines am Reserverad befestigten Seils wird die Seitenwagenmaschine aus dem Fluss gezogen. Der Buchstabe »B« hinten auf dem Kotflügel gibt ihre Zugehörigkeit zu der unter dem Kommando von Feldmarschall Fedor von Bock stehenden Heeresgruppe Mitte an. Im Juni 1942 umfasste Bocks Armee 42 Infanteriedivisionen der 4. (Kluge) und 9. (Strauß) Armee sowie der Panzergruppen II und III. Bocks Truppe verfügte von allen drei in Russland kämpfenden Heeresgruppen über die größte Zahl von Infanterie- und Panzerdivisionen.

Unten: Drei Kradfahrer legen auf ihrer Fahrt durch Südrussland eine Zigarettenpause ein. Sie gehören zu einer Gebirgsjägerkradeinheit. Vorne auf dem Tank des Krads ist das »Edelweiß« mit weißgelber Blüte und Blättern und Stängel in blassem Grün zu sehen. Diese Kradfahrer gehören zur 1. Gebirgsdivision, die der Heeresgruppe Süd angegliedert war. 1942 kämpfte die 1. Gebirgsdivision als Teil der 1. Panzerarmee im Raum Donez. In diesem Sommer führte sie den Vorstoß in den Kaukasus an, wo sie bis 1943 blieb.

Oben: Voll beladene Kräder und Seitenwagenmaschinen folgen einem Konvoi aus verschiedenen Fahrzeugen, wie Horch- und Opel-Blitz-Lastwagen. Der weiße Buchstabe »G« auf dem Fahrzeugheck gibt die Zugehörigkeit zu General Heinz Guderians Panzergruppe II an. Dieses Foto wurde zu Beginn des Russlandfeldzugs aufgenommen, als das Wetter sehr heiß und trocken und die Straßen in relativ gutem Zustand waren. Aber schon ein kurzer Regenguss führte zu ernsthaften Behinderungen der deutschen motorisierten Kolonnen, denn er machte eine staubige und holprige Straße nahezu unpassierbar.

Oben: Irgendwo in Russland – ein Soldat mit einer Karte hilft zwei Kradfahrern weiter. Der Transport der Soldaten stellte ein enormes logistisches Problem dar. Viele Tausende Karten wurden gedruckt und auf allen Ebenen an die einzelnen Einheiten verteilt, wodurch diese schneller von einem Abschnitt in den anderen gelangten. Einige Karten gaben sogar den Straßenzustand an und regelten den täglichen Verkehrsstrom im betreffenden Gebiet.

Unten: Südrussland 1942. Drei erschöpfte Soldaten neben einer Seitenwagenmaschine. Deutlich zu erkennen ist das Gebirgsjäger-Edelweiß auf dem Seitenwagen. Bei den Gebirgsjägern handelte es sich im Grunde um leichte Infanterie, die für die Kriegsführung im Gebirge ausgebildet war. Die Beschaffenheit des Geländes bestimmte auch die von ihnen verwendeten Waffen und Ausrüstungsteile. Bei den Gebirgsjägern kamen Kräder in großem Umfang zum Einsatz, doch wenn die Einheiten der Heeresgruppe Süd die sich schlängelnden Kaukasusstraßen verließen, um im gebirgigeren Terrain zu operieren, mussten sie sie oft stehen lassen.

Links: Ein Mechaniker beim Wechseln eines Hinterrads. Das »WH« auf dem Nummernschild bedeutet »Wehrmacht Heer«. Abgesehen von Panzern, Halbkettenfahrzeugen und Geschützen auf Selbstfahrlafetten wurden alle deutschen Militärfahrzeuge mit Nummernschildern versehen. Die Heereskennzeichen hatten meist einen weißen Untergrund mit schwarzem Rand und schwarzen Buchstaben und Zahlen. Die meisten deutschen Kennzeichen wurden aus Blech oder Leichtmetalllegierungen gestanzt. Sie wurden entweder in Metallrahmen gehalten oder direkt aufs Fahrzeug geschraubt.

Links: Anfang Oktober 1941, Russland – ein Krad und eine Seitenwagenmaschine folgen einem leichten Horch-Geländewagen. Der weiße Buchstabe »G« auf dem Geländewagen und dem Seitenwagen steht für General Heinz Guderians Panzergruppe II. Die hier abgebildeten Fahrzeuge gehören zur 4. Panzerdivision. Nach erfolgreichen Angriffen auf Kromy erreichte die 4. Panzerdivision am 3. Oktober 1941 Orel; es war eine Zermürbungsschlacht mit schweren Verlusten an Männern und Material.

Oben: Anfang Herbst 1942 – eine Kradeinheit auf einer typischen russischen Straße, diese hier wurde durch Kettenfahrzeuge nahezu unpassierbar. Die Benutzung der Hauptstraßen blieb im Allgemeinen wichtigen Fahrzeugen wie Panzern und Halbkettenfahrzeugen vorbehalten. Dann folgten die Munitionskolonnen und Treibstofflastwagen und schließlich die Verstärkungen. Je näher die Kampfzone kam, desto schlechter wurden die von den Fahrzeugen aufgewühlten Straßen.

Oben: Drei Soldaten versuchen ihre Seitenwagenmaschine aus dem Schlamm zu ziehen, der für die Panzerdivisionen an der Ostfront ein ziemliches Problem darstellte. Der nach nur wenigen Regenstunden gebildete Schlamm konnte eine ganze Kolonne von Räderfahrzeugen und sogar Panzern lahm legen. Der Regen war aber nicht das einzige Problem: Zu Beginn der Regenzeit im Oktober fiel an der Ostfront auch der erste Schnee. Mit wachsender Sorge beobachteten die deutschen Kommandeure, wie Straßen innerhalb von Stunden verschwanden, und erkannten bald ihre Abhängigkeit von den wenigen Allwetterstraßen Westrusslands.

Links: Russland, Oktober 1941 – die Heeresgruppe Mitte kämpft im Abschnitt Orel gegen den verheerenden Straßenzustand an. Hier werden zwei Seitenwagenmaschinen aus dem Schlamm gezogen. In Westrussland waren die Allwetterstraßen nicht für das Gewicht so vieler Fahrzeuge ausgelegt, und die Oberflächen begannen unter der Belastung aufzubrechen. Die hier gezeigte Hauptverkehrsstraße von Roslawl ist nur noch eine einzige tiefe Schlammspur. Unter diesen Bedingungen wurden oft Pferde eingesetzt, doch Hunderte von ihnen starben unter der großen Belastung, wenn sie die schweren hängen gebliebenen Fahrzeuge oder Artilleriegeschütze durch den Schlamm ziehen mussten.

Oben: Zwei Seitenwagenmaschinen schließen sich nach der Niederlage bei Kursk im Juli 1943 auf dem Rückzug Fahrzeugen und Pferdewagen der 4. Panzerdivision an, die während der Schlacht hohe Verluste erlitt. Nach Beginn der sowjetischen Gegenoffensive am 12. Juli 1943 wurde die Panzerdivision bis Jahresende in zermürbende Abwehrkämpfe verwickelt. Im Juni 1944 war die Division wieder im Einsatz, als die sowjetische Armee die Operation »Bagration« startete.

Rechts: Ein Kradfahrer einer unbekannten Kradeinheit der 4. Panzerdivision im Juli 1943. Selbst in dieser Phase des Krieges wurden Kräder an der Ostfront extensiv eingesetzt, jedoch nur bei Fernmelde- und Kradmeldeeinheiten. Alle Fahrer waren mit Seitenwaffen oder umgehängten Mausergewehren bewaffnet. Vorräte waren hinten am Krad in Taschen verstaut. Neben der zusammengerollten Zeltbahn führten sie die Standardausrüstung des Infanteristen und Kradersatzteile mit.

Oben: Ein Kradfahrer fährt auf einer staubigen Bergstraße auf dem Balkan an einem stehenden Pz.Kpfw. III vorbei, April 1941. Er trägt den doppelreihigen gummierten Kradmantel, Lederhandschuhe, Fliegerbrillen und die Einheitstaschenlampe des Heeres. Ein Mausergewehr hat er umgehängt. Auf dem Balkan wurde das Krad vielseitig eingesetzt und erlaubte vor allem auf den offeneren Straßen eine schnelle Fortbewegung.

Unten: Ein gut getarnter Horch-Geländewagen, vermutlich auf Erkundungsfahrt, fährt an einer Gruppe ukrainischer Flüchtlinge vorbei. Diese Aufklärungseinheiten standen an der Spitze von Offensiven oder unternahmen gewagte Vorstöße, um Stärke und Absichten des Gegners zu erkunden. Die Wehrmacht stützte sich den ganzen Krieg hindurch auf ihre gepanzerten Aufklärungseinheiten, deren Erfolg auf Schnelligkeit und Tarnung beruhte.

Oben: Juni 1940, Frankreich – ein leichter Horch-Geländewagen Kfz. 15 fährt in einem französischen Dorf an einem zerstörten Haus vorbei. Das Fahrzeug ist zum besseren Schutz mit Laub getarnt. Interessant sind die Divisionszeichen in Weiß auf dem rechten Fahrzeugkotflügel. Der Buchstabe »K« über der Nummer 17 gibt die Zugehörigkeit zur Panzergruppe Kleist an. General Ewald von Kleist war für den Hauptdurchbruch an der Maas verantwortlich.

Oben: Juli 1943 – unmittelbar vor der Schlacht bei Kursk lassen sich drei Männer in einem Horch-Funkwagen fotografieren. Die weiße »3« auf der Tür ist das Zeichen der 3. Kompanie einer Fernmeldeeinheit. Diese Fahrzeuge waren mit einem weit reichenden Funkgerät ausgerüstet und wurden meistens von den Fernmeldeeinheiten motorisierter Infanterie- oder Panzerdivisionen sowie von Korps- und Armeehauptquartieren verwendet. Das Fahrzeug trägt immer noch den dunkelgrauen Grundanstrich, der mit einem Tarnmuster aus dunkler Sandfarbe übersprüht ist.

Links: Verschiedene Panzerwagen auf einer Straße in Ostpolen, Juni 1941. Diese Fahrzeuge gehören zu der unter dem Befehl von General Heinz Guderian stehenden Panzergruppe II und bereiten sich wahrscheinlich auf ihren Einmarsch in Russland im Gefolge der Panzerspitzen vor. Die Heeresgruppen von Guderian und Hoth sollten so rasch wie möglich vorrücken, denn sie sollten als die beiden Zangenarme des Angriffs die Rote Armee, die den großen Frontbogen von Bialistok verteidigte, einschließen. Das Gros des Heeres war für den Vorstoß von Polen in zwei zentralen Heeresgruppen zusammengefasst. Guderians Panzergruppe II stieß mit einer Unmenge an Panzerfahrzeugen auf Moskau vor, während die andere in rasantem Tempo Richtung Südosten nach Kiew im Herzen der Ukraine vorpreschte.

Oben: Drei Angehörige der 2. SS-Panzerdivision »Das Reich« lassen sich neben einem gut getarnten Volkswagen Typ 82 Kfz. 1 am 11. Juli 1943 bei Prochorowka fotografieren. Dort fand am 12. Juli eine der größten Panzerschlachten in der Geschichte zwischen den Deutschen und Sowjets statt. Diese folgenschwere Schlacht brachte den deutschen Panzervorstoß bei Kursk zum Stehen, was das Ende des Unternehmens »Zitadelle« bedeutete.

Links: Ein deutsches Schild warnt Passanten vor einem feindlichen Minenfeld, Frankreich 1940. Zwei Fahrzeuge haben bereits Minen ausgelöst. Die alliierten Minenfelder stellten im Mai und Juni 1940 für den deutschen Vormarsch aber kein großes Problem dar, weil es den Franzosen und Briten wegen des raschen Vormarschtempos der Deutschen nicht gelang, größere Minengürtel anzulegen. Die Panzerdivisionen waren sogar so schnell, dass ihnen mehrere tausend Tonnen Kriegsbeute, darunter zahlreiche Minen, in die Hände fielen.

Oben: Zwei erbeutete britische Panzerfahrzeuge P-178 auf Patrouille in Frankreich, höchstwahrscheinlich als Aufklärungsfahrzeuge. Im Gegensatz zu den Briten und Franzosen stützten sich die Deutschen weitgehend auf die Aufklärung vor dem Gefecht. Seit dem Polenfeldzug war ihnen der große Wert gepanzerter Aufklärungsbataillone bewusst, und so waren diese jetzt mit Panzerwagen und Halbkettenfahrzeugen gut ausgestattet. Mit dieser Ausrüstung sollten die gepanzerten Aufklärungsbataillone auch in der Lage sein, verschiedene Offensiven anzuführen.

Oben: Ein Funkwagen Sd.Kfz. 263 auf einer Straße in Tripolis, Februar 1941. Das Sd.Kfz. 263 war mit einem weit reichenden Funkgerät ausgestattet und wurde in erster Linie von Fernmeldeeinheiten und Armeehauptquartieren eingesetzt. Besatzung und Teleskopantenne wurden durch eine Leinwandabdeckung geschützt. In Nordafrika kamen diese turmlosen Achtrad-Panzerfunkwagen extensiv zum Einsatz. In der Wüste waren sie mit ihren weit reichenden Funkgeräten besonders effektiv.

Oben: Ein erbeuteter britischer Panzerwagen wird in Nordafrika als Funkwagen eingesetzt. Rundum gepanzerte Fernmeldefahrzeuge begleiteten die Panzer auf ihrem Vormarsch überall hin und sorgten für die notwendige Verbindung, um den Kommandeuren eine effektive Führung ihrer Kräfte zu ermöglichen. Jeder Befehlswagen verfügte über ein Empfangsgerät, und jeder Artillerietrupp besaß Geräte mit einer Hauptfrequenz für den Notfall. Funkwagen waren mit weit reichenden Geräten ausgestattet, die in der Wüste von großem Wert waren.

Oben: Ein Panzerfunkwagen Sd.Kfz. 263 fährt an einem mittleren Horch-Geländewagen vorbei, Polen September 1939. Das weiße Kreuz auf der Kühlerhaube sollte als Erkennungszeichen dienen, um den Beschuss aus den eigenen Reihen zu vermeiden. Es wurde jedoch zu einem leichten Zielpunkt für die polnische Panzerabwehr, deshalb übermalten die Besatzungen die Kreuze entweder ganz oder teilweise, um sie weniger auffällig zu machen.

Rechts: Nur zwei Wochen vor dem Überfall auf die Sowjetunion Anfang Juni 1941 wird in Deutschland eine Militärfeier abgehalten. Zu beiden Seiten des Podiums halten Funkwagen Sd.Kfz. 263. Diese waren mit einem weit reichenden Funkgerät ausgestattet und wurden in erster Linie von Fernmeldeeinheiten und Armeehauptquartieren eingesetzt. Draußen im Feld wurden Besatzung und Teleskopantenne normalerweise durch Planen abgedeckt. An den Seiten hingen Kisten mit Stielhandgranaten.

Oben: Ein Funkwagen Sd.Kfz. 263 und zwei leichte Panzerwagen Sd.Kfz. 221 bei einer Parade in Deutschland, Dezember 1939. Das vierrädrige Sd.Kfz. 221 wurde von einem 75 PS starken Vergasermotor Auto Union Horch V8 angetrieben. Es hatte eine maximale Geschwindigkeit von 80 km/h auf der Straße und von 32 km/h im Gelände. Das Fahrzeug war mit einem 7,92-mm-MG 34 ausgerüstet und erwies sich, vor allem in der Aufklärung, als ein verlässlicher Panzerwagen. Die Besatzungen tragen die standardmäßige schwarze Panzeruniform und die alte Panzerschutzmütze.

Rechts: 13. Juni, zwischen Verdun und den Argonnen – zwei Seitenwagenmaschinen passieren ein zerstörtes Funkfahrzeug Sd.Kfz. 232 und einen Vierrad-Panzerspähwagen Sd.Kfz. 221 der 8. Panzerdivision. In dieser Region kam es zu heftigen Kämpfen gegen die alliierten Kräfte, die ihre Stellungen entschlossen verteidigten. Doch trotz heftigen Widerstands und der Zerstörung einer Reihe von deutschen Panzerfahrzeugen in diesem Raum erwiesen sich die 6. und 8. Panzerdivision ihrem Gegner überlegen.

Oben: In der Nähe der Dwina fahren einige Panzerfahrzeuge der Panzergruppe II auf einer staubigen Straße, Anfang Juli 1941. Am Dwina-Ufer trafen sie auf erbitterten Widerstand der Russen, die eine Flussüberquerung verhindern wollten. Zum Glück für Guderians Kräfte war der Panzergruppe III ein Durchbruch weiter nördlich gelungen. Dieses Foto zeigt vermutlich eine Aufklärungspatrouille etwas östlich der Dwina. Hier erwies sich die Aufklärung als wertvoll und ermöglichte der Panzergruppe II einen Durchbruch durch starke sowjetische Verteidigungsstellungen und die Errichtung eines Brückenkopfs am anderen Ufer am 10. Juli, einen Tag nach Beginn der Flussüberquerung.

Unten: Ein Halbkettenfahrzeug Sd.Kfz. 250 auf einer Straße auf dem Balkan, April 1941. Dahinter sieht man ein StuG. III und in der Ferne einige andere Fahrzeuge. Das Sd.Kfz. 250 wurde Anfang 1940 in Dienst gestellt und kam im Mai 1940 im Westfeldzug zum Kampfeinsatz. Die Standardausführung des Sd.Kfz. 250 hatte ein Gewicht von 5,3 t und eine Höchstgeschwindigkeit von 60 km/h. Es verfügte über den gleichen Schutz wie das größere Halbkettenfahrzeug Sd.Kfz. 251. Im Frankreich- und im Balkanfeldzug begleitete das Sd.Kfz. 250 Panzer, war verantwortlich für den Flankenschutz der Panzerspitzen und den Truppentransport an die vorderste Frontlinie.

Links: Am 6. April 1941 überquert eine deutsche Einheit in der Eröffnungsphase des Balkanfeldzugs die griechische Grenze. Ein Kradfahrer und ein vierrädriger Panzerspähwagen Sd.Kfz. 222 passieren den Grenzpunkt. Am 6. April griff die 12. Armee Griechenland mit zehn Divisionen an, darunter zwei Panzerdivisionen. Innerhalb von 24 Stunden war die Metaxas-Linie an mehreren Stellen durchbrochen, und bis 9. April hatte die 2. Panzerdivision Saloniki besetzt und alle griechischen Truppen östlich der Struma abgeschnitten.

Oben: 1943 an der Ostfront – ein Halbkettenfahrzeug Sd.Kfz. 251 fährt ins Gefecht. Bei Kriegsausbruch 1939 waren 68 Sd.Kfz. 251 in Dienst. Im Dezember 1944 erreichte ihre Zahl mit 6146 Fahrzeugen den Höchststand. Der Mannschaftskraftwagen Sd.Kfz. 251 erwies sich beim Truppentransport als nützliche Ergänzung zu den vielen Lastwagen der deutschen Panzerdivisionen. Das ursprünglich nicht als Kampfwagen, sondern nur für den Transport der Infanterie an die vordere Linie gedachte Sd.Kfz. 251 wurde bei der Wehrmacht so beliebt, dass während des Krieges mehr als 20 Versionen gebaut wurden.

Rechts: Ein Sd.Kfz. 251/7 Ausf. D mit Wintertarnanstrich an der Ostfront im Februar 1944. An der Seite dieses Pionierfahrzeugs sind zwei Sturmbrücken befestigt. Dieser mittlere Mannschaftskraftwagen konnte zwölf Mann transportieren. Er wog 7,8 t und wurde von einem 100 PS starken Vergasermotor Maybach NL 42 mit sechs Zylindern angetrieben. Die maximale Straßengeschwindigkeit betrug 52,5 km/h, die maximale Geländegeschwindigkeit 29 km/h. Das abgebildete Fahrzeug gehört zu einem nicht bekannten Regiment der Waffen-SS.

Oben: Verteilt auf einem nordfranzösischen Feld halten verschiedene Panzerfahrzeuge der 7. Panzerdivision, während die Luftwaffe die feindlichen Stellungen in einem nahe gelegenen Dorf unter Beschuss nimmt. Zu sehen sind einige Horch-Wagen, ein Kradfahrer und ein Halbketten-Zugkraftwagen. Der Zugkraftwagen war mit seiner Panzerabwehrkanone eine besonders effektive Waffe gegen alliierte Panzer und Panzerfahrzeuge. Während des Blitzkriegs in Frankreich 1940 machten schwer gepanzerte Aufklärungsfahrzeuge Schwachstellen in der feindlichen Linie ausfindig und halfen damit, den Schwung des Angriffs aufrechtzuerhalten.

KAPITEL 7

PANZERGRENADIERE

Motorisierte Infanterie

Die Panzergrenadiere waren die motorisierte Infanterie der Deutschen, die sich nicht zu Fuß, sondern größtenteils mit Motorfahrzeugen fortbewegten. Die Seite an Seite mit den Panzerdivisionen in den Kampf gehenden und beweglichen Panzergrenadiere wurden als Elitefronteinheit angesehen. In Halbkettenfahrzeugen und Lastwagen, die ihnen Panzerschutz und Beweglichkeit gaben, rückten sie jeweils weit genug vor, um die feindlichen Stellungen zu Fuß angreifen zu können. Der Einsatz motorisierter Infanterie ermöglichte den raschen taktischen Kräfteeinsatz und führte einen Wechsel der Kampfweise herbei. Die Truppen wurden mitten im Kampfgebiet abgesetzt, wo sie die vorrückenden Panzer wirkungsvoll unterstützten. Schon in der ersten Kriegsphase führten die Grenadiere mobile Operationen durch, dienten als Begleitinfanterie, sorgten für den Flankenschutz und schalteten den durch ihr plötzliches Auftauchen verwirrten und schockierten Gegner aus.

Links: 1940, Belgien – eine Gruppe von Halbkettenfahrzeugen Sd.Kfz. 251 hält am Straßenrand. Die Besatzungen beobachten den Abtransport einiger französischer Soldaten ins Kriegsgefangenenlager. Für den Angriff auf den Westen wurde die Offensive in zwei Armeegruppen unterteilt. Die Heeresgruppe B sollte mit ihren schnellen Kolonnen durch Belgien und die Niederlande vorstoßen.

Obwohl die Grenadierdivisionen mit großem Erfolg auf dem Schlachtfeld eingesetzt wurden, erfolgte erst später eine Trennung von den Standardinfanterieverbänden und die Gliederung in eigenen Panzergrenadier- oder Panzerjägereinheiten. Damit hoffte man auf eine Steigerung der Moral bei den motorisierten Grenadieren, die trotz der mangelhaften Ausstattung mit Fahrzeugen wie ihre Pendants von der Panzerdivision Seite an Seite mit den Panzerbataillonen kämpften. Im weiteren Verlauf des Krieges wurde die Zahl der Panzergrenadierdivisionen weiter erhöht, und bald wurden sie respektvoll als Panzerelite bezeichnet. Trotz der immer größeren Verluste an Männern und Panzern kämpften die Panzergrenadierdivisionen mit letztem Einsatz gegen eine gewaltige feindliche Übermacht.

Links: Russland, 1942 – zwei Kradfahrer eines Panzergrenadierregiments, beide mit wasserdichtem Kradmantel, einem beliebten und praktischen Ausrüstungsteil. An die Kradfahrer wurden verschiedene Brillentypen ausgegeben. Als Waffen dienten ihnen hauptsächlich Kar 98k oder MP 40. Einige Seitenwagenmaschinen, besonders jene der Panzergrenadierregimenter, waren mit MG 34 ausgerüstet. Diese effiziente Waffe war jedoch unhandlich, ganz gleich ob sie am Körper getragen oder am Beiwagen angebracht war, und erschwerte dem Soldaten das Absitzen.

Halbkettenfahrzeuge

Der Erfolg der Panzergrenadiere im Kampf beruhte in erster Linie auf einem besonderen Fahrzeug, das für den Transport dieser Infanterieeinheiten aufs Schlachtfeld diente: dem Halbkettenfahrzeug. Diese Fahrzeuge mit Vorderradlenkung und Kettenlaufwerk steigerten die Kampfkraft der Panzerdivisionen. Neben den vorrückenden Panzern brachten sie Infanterie mit Maschinengewehren, Granatwerfern, Munitionskisten und -vorräten sowie gezogene Panzerabwehrkanonen und leichte Flugabwehrkanonen, Haubitzen und Pontonbrückenteile an die vordere Kampflinie. Das Halbkettenfahrzeug, das als wichtigstes Transportmittel für Infanterie und Panzergrenadiere ins Kampfgebiet galt, wurde auch zum bevorzugten Fahrzeug der Aufklärungseinheiten.

Während des Krieges wurden verschiedene Halbkettenfahrzeuge gebaut, darunter der Zugkraftwagen Sd.Kfz. 10, der mittlere Zugkraftwagen Sd.Kfz. 7/1 mit 2-cm-Flak-Vierling,

Oben: Infanteristen rücken, unterstützt von einem sIG 33, ins Gefecht vor, Westfeldzug 1940. Die Infanterie folgte gewöhnlich knapp hinter den Panzern, um deren Feuerkraft und lähmende Wirkung auf die feindliche Verteidigung auszunutzen. Damit die Infanterie schneller vor Ort war, wurde sie normalerweise von Panzern oder Mannschaftstransportwagen bis an den Schlachtfeldrand transportiert. Im letzten Moment saß sie dann ab und stürmte unter dem Feuerschutz der Panzer vor. Interessant ist der mit einem MG 34 bewaffnete Panzergrenadier.

der Zugkraftwagen Sd.Kfz. 8 und der mittlere gepanzerte Mannschaftstransportwagen Sd.Kfz. 251, das wohl beliebteste Halbkettenfahrzeug, das im Krieg von den Panzergrenadieren in großer Zahl eingesetzt wurde. Bei Ausbruch des Krieges 1939 standen nur 68 Sd.Kfz. 251 in Dienst. Obwohl nur in kleinen Stückzahlen verfügbar, erwies sich das Halbkettenfahrzeug schon in Polen als unverzichtbar, wo es die Infanterie zur Kampflinie brachte, die dann den Kampf abgesessen fortführte. Obwohl es leicht gepanzert war, verfügte es über eine ganz passable Geschwindigkeit, war geländegängig und konnte mit den schnell vorrückenden Panzerspitzen mithalten.

Dieser Vorzug war zwar nicht besonders groß, führte aber immerhin zu einer Produktionssteigerung von 348 Sd.Kfz. 251 im Jahre 1940 auf rund 7800 im Jahre 1944, und bei Kriegsende waren bereits unglaubliche 16.000 davon gebaut worden. Wie bei den meisten anderen im Kampf eingesetzten Panzerfahrzeugen wurde das Grundmodell im Laufe des Krieges einer Reihe von Änderungen unterzogen. 1939 wurde die erste Version, die Ausführung A, in Dienst gestellt. Im folgenden Jahr begann die Produktion der Ausführung B, die sich durch einen neuen Schutzschild für das vordere MG 34 auszeichnete. Gegen Ende 1940 trat die Ausführung C in Erscheinung, und 1942 folgte schließlich die Ausführung D, die als letztes Produktionsmodell des Halbkettenfahrzeugs bis Kriegsende unverändert im Dienst blieb.

Dass Halbkettenfahrzeuge 1941 in Russland für Kämpfe an der Frontlinie zum Einsatz kamen, war hauptsächlich auf den Erfolg des Sd.Kfz. 251 in Frankreich zurückzuführen. Das mit einem MG 34 ausgerüstete Sd.Kfz. 251/1 wurde an mehrere schwere Geschützzüge und Waffen-SS-Einheiten ausgegeben. Einige Sd.Kfz. 251/1 wurden sogar mit einem Wurfrahmen für sechs 28 cm/32 cm-Wurfkörper ausgerüstet. Andere Ausführungen des Sd.Kfz. 251 wurden auch zu Trägern für den 8-cm-Standardgranatwerfer der schweren Geschützkompanie eines Panzergrenadierbataillons umgebaut. Das Sd.Kfz. 251/5, ein Pionierschützen-

Oben: Eine Gruppe von Angehörigen der 4. SS-Panzergrenadierdivision »Polizei« mit einem leichten Horch-Geländewagen und einer Seitenwagenmaschine auf einer staubigen Straße. Keiner der Soldaten scheint bewaffnet zu sein, was darauf hindeutet, dass das Gebiet erfolgreich vom Feind gesäubert wurde. Bis August 1941 war die 4. SS-Division voll in die Kämpfe an der Ostfront verwickelt. Die Waffen-SS-Grenadiere der Division »Polizei« waren nicht so gut ausgerüstet wie ihre Pendants. Sie wurden in erster Linie im Partisanenkampf eingesetzt und mussten mit veralteter oder erbeuteter Ausrüstung auskommen.

panzerwagen, wurde mit seitlichen Tragevorrichtungen ausgestattet, damit Pontonbrückenteile oder Sturmboote mitgeführt werden konnten. Das Sd.Kfz. 251/6 wurde nur in begrenzter Zahl gebaut und diente als Kommandopanzerwagen für höherrangige Offiziere.

Durch den verstärkten Einsatz im Kampf wurden neuere Versionen mit einer schwereren Hauptwaffe ausgestattet. Als erste Ausführung wurde das Sd.Kfz. 251/10 1941 mit einer 3,7-cm-Pak 36 bestückt. Eine weitere Ausführung mit wirkungsvoller Waffe wurde mit dem Sd.Kfz. 251/9 in Dienst gestellt. Sie wurde 1942 eingeführt und war mit der sehr starken 7,5-cm-Kwk 37 L/24 mit kurzem Rohr ausgestattet. Danach traten noch weitere starke Halbkettenfahrzeuge auf dem Schlachtfeld in Erscheinung. Der Flammenwerferpanzerwagen Sd.Kfz. 251/16 konnte 80 Flammenstöße von zwei Sekunden auf eine Entfernung von 35 m werfen. Auf dem Höhepunkt der alliierten Bombenangriffe wurde das Sd.Kfz. 251/17 eingeführt, das im Heckbereich mit einer 2-cm-Flak 30 oder Flak 38 ausgerüstet war. Bis 1944 erforderten die hohen Verluste der Panzerwaffe durch die alliierten Fliegerangriffe die Einführung einer weiteren Version, um mit der Bedrohung fertig zu werden. Der Flakpanzerwagen Sd.Kfz. 251/21 trug einen 15-mm-Fla-Drilling der Luftwaffe. Es handelte sich um einen relativ kostengünstigen, aber wirkungsvollen Umbau, der bei den Flakabteilungen verschiedener Panzergrenadierregimenter in den letzten Kriegsmonaten eingeführt wurde. Die letzte in Dienst gestellte Version war das Sd.Kfz. 251/22. Dieses Modell wurde in geringer Stückzahl gebaut und war mit der 7,5-cm-Pak 40 bestückt, die auf dem Kampfraum des Halbkettenfahrzeugs montiert war. Die hier genannten Fahrzeuge wurden mit beträchtlichem Erfolg eingesetzt und brachten den Panzergrenadieren eine erhebliche Steigerung der Feuerkraft.

Neben dem Sd.Kfz. 251 stand noch ein weiteres Halbkettenfahrzeug in Dienst, und zwar das Sd.Kfz. 250. Es wurde 1940 der Truppe übergeben und kam während der Feldzüge in Frankreich und den Niederlanden erstmals zum Einsatz. Wie beim Sd.Kfz. 251 gab es auch bei diesem Fahrzeug mehrere Ausführungen für unterschiedliche Anforderungen. Das Sd.Kfz. 250/1 wurde zum Beispiel hauptsächlich bei den gepanzerten Aufklärungs- und Pioniereinheiten eingesetzt. Eine weitere Version wurde zu einem Funkpanzerwagen umgebaut und mit einer Rahmenantenne ausgerüstet. Das Sd.Kfz. 250/7 wurde hingegen für das Tragen von Granatwerfern konzipiert. Die nächste Ausführung, das Sd.Kfz. 250/8, wurde 1943 in Dienst gestellt und mit einer 7,5-cm-KwK L/24 bestückt. Über der 7,5-cm-Kanone wurde ein MG 34 für Leuchtspurmunition eingebaut, sodass die Besatzung beim Einschießen die Trefferlage besser beobachten konnte. Eine weitere im Kampf eingesetzte Version war das mit einer 3,7-cm-Pak 36 bestückte Sd.Kfz. 250/10. Als zur Abwehr der schwereren sowjetischen Panzer stärkere Panzerabwehrkanonen immer dringender nötig waren, wurde 1942 das Sd.Kfz. 250/11 eingeführt, das eine starke schwere 2,8-cm-Panzerbüchse 41 trug.

Die Zahl der gebauten Sd.Kfz. 250 machte zwar nur einen Bruchteil der Produktionszahl an Sd.Kfz. 251 aus, das Fahrzeug war aber verlässlich und genoss bei den Panzergrenadieren hohe Wertschätzung. Mit der Zeit wurde das Halbkettenfahrzeug, das sich auf dem Schlachtfeld vielfach bewährt hatte, selbst immer verwundbarer für Feindfeuer. 1944, als die deutschen Streitkräfte sowohl von Osten als auch von Westen immer stärker bedrängt wurden, waren die Panzergrenadiere, die die Panzer bislang unterstützt hatten, selbst in zunehmendem Maße auf die Unterstützung der schwindenden Panzerkräfte angewiesen.

Links: Gebirgsjäger auf einem Pz.Kpfw. III in Südrussland, 1942. Das war die effektivste und schnellste Möglichkeit, ins vordere Kampfgebiet zu gelangen, und die Panzer mussten ihre Geschwindigkeit nicht reduzieren, damit die Infanterie mithalten konnte. Am Schlachtfeldrand angekommen, saßen die Soldaten ab und ließen die Panzer angreifen und die sowjetische Infanterie ausschalten. Wenn eine Panzerkompanie in Begleitung von Infanterie ins Gefecht ging, waren gewöhnlich zwei Züge an der Front, ein Zug im rückwärtigen Gebiet und ein vierter in Reserve. Der Abstand zwischen den Panzern betrug üblicherweise 90 bis 110 m.

Oben: Ostfront 1941 – abgesessene Panzergrenadiere werden unter Beschuss genommen. Die Beförderung der Infanterie ins Kampfgebiet auf Panzern war eine gute Möglichkeit, die Feuerkraft auf dem Schlachtfeld zu steigern. Die Panzergrenadiere der ersten Welle begleiteten die Panzerspitzen an Bord der Panzer, unmittelbar dahinter folgte eine zweite Welle von Panzergrenadieren in gepanzerten Halbkettenfahrzeugen. Sie schalteten jene feindlichen Stellungen aus, die die erste Welle überstanden hatten.

Unten: In engem Zusammenwirken mit Panzerfahrzeugen rückt Infanterie während der Invasion in Frankreich über ein Feld vor. Eine Pak 35/36 wird von einer fünfköpfigen Mannschaft geschoben. Diese Soldaten gehören zu General von Kleist, unter dessen Befehl Einheiten der 12. und 16. Armee standen. Die Panzergruppe Kleist hatte beim Frankreichfeldzug die schwierige Aufgabe, durch das zum Teil unwegsame Ardennengebiet vorzustoßen und schnell einen Übergang über die Maas zu erzwingen.

Oben: Eine Gruppe von Grenadieren der 3. SS-Panzerdivision »Totenkopf« wird im Demjansk-Kessel auf einem Pz.Kpfw. III mitgenommen, 1942. Der Panzer hat einen weißen Anstrich erhalten. Das vorne angebrachte Hufeisen soll der Besatzung während ihrer Operationen in Nordrussland Glück bringen. Im Februar 1942 kämpfte die in zwei Kampfgruppen unterteilte Division »Totenkopf« gegen Kräfte der Roten Armee, die den Raum Demjansk einschlossen. In diesem Kessel erhielten die als Elite geltenden SS-Grenadiere von ihrem geliebten Führer den Befehl, bis zum letzten Mann zu kämpfen.

Rechts: Eine Soldatengruppe bereitet sich auf die Maasüberquerung mit Sturmbooten vor, Mai 1940. Einer der Männer pumpt sein Boot mit einem speziellen Blasebalg auf. Ein Seil wurde befestigt, um das Boot schnell wieder für die nächsten Soldaten zurückzuholen. Am Ufer parkt ein Halbkettenfahrzeugen Sd.Kfz. 251, an dessen Heck zwei Soldaten ein Schleppseil befestigen. Das Divisionszeichen ist in weißer Farbe am Heck aufgemalt. Das Blattsymbol gibt die Zugehörigkeit zur 1. Panzerdivision an. Möglicherweise wurde dieses Foto am Maasufer bei Sedan aufgenommen.

Unten: Panzergrenadiere schieben ihr Fahrzeug an, das sich auf einer schlammigen Straße vorwärts kämpft. Die Radfahrzeuge hatten beträchtliche Schwierigkeiten, auf dem aufgeweichten Boden vorwärts zu kommen. Wegen des zähen Schlamms, mechanischer Schäden und heftigen Widerstands kam es häufig zu Verzögerungen bei der Infanterie, die auf diesen Fahrzeugen lange Strecken zurücklegen musste. Sie wurde in einigen Frontabschnitten dringend gebraucht, zur Auffüllung erschöpfter Einheiten oder für einen Angriff im Kampfverband.

Oben: Sommer 1942, Russland – Panzergrenadiere beim Absteigen von einem StuG. III. Der Grenadier links ist mit einem MG 34 bewaffnet. Rechts holt der Schütze 2 eine MG-Munitionskiste herauf. Die Aufgabe des Schützen 2 bestand darin, die Patronengurte zuzuführen und durch die Behebung von Ladehemmungen oder das Auswechseln des Laufs dafür zu sorgen, dass das MG einsatzfähig blieb. Schütze 1 war der Grenadier mit der größten Erfahrung und den meisten Auszeichnungen der Mannschaft und trug die Waffe im Gefecht. Den Grenadieren standen während des Krieges das MG 34 und das MG 42 zur Auswahl.

Rechts: Frühjahr 1942, Russland – gut gelaunte Panzergrenadiere auf dem Vormarsch unter dem Schutz eines Pz.Kpfw. III. Die Grenadiere sind mit Mausergewehren und MP 38/40 bewaffnet, viele tragen Munitionskisten. Die MP 38 und MP 40 zählten zu den erfolgreichsten Maschinenpistolen, die im Zweiten Weltkrieg bei den Panzergrenadieren im Einsatz waren. Sie eigneten sich nicht nur für die Offensive, sondern auch für Defensivhandlungen. Die anfangs nur an Zugs- und Kampfgruppenführer ausgegebene MP 40 wurde schließlich von allen Panzergrenadieren verwendet.

Unten: Während des Unternehmens »Zitadelle« ergibt sich eine Gruppe russischer Soldaten einem Grenadier. Der Grenadier trägt einen Stahlhelm M43 und eine Zeltbahn und ist mit einer MP 40 bewaffnet. Die MP 40 wog 4,7 kg, hatte eine Reichweite von 200 m und konnte Dauerfeuer bis zu 500 Schuss pro Minute abgeben. In Kriegszeiten verfügten die ersten drei Kompanien eines Panzergrenadierbataillons über vier schwere und 18 leichte Maschinengewehre, zwei mittlere Granatwerfer sowie 7,5-cm-Kanonen. Die vierte Kompanie hatte drei Panzerabwehrkanonen. Die neunte – die Infanteriegeschützkompanie – verfügte über sechs auf Ketten montierte Kanonen. Die 10. Kompanie war die Pionierkompanie und war mit 12 MG und 18 Flammenwerfern ausgerüstet.

Oben: Zwei Grenadiere untersuchen einen zerstörten russischen Bunker, 1942. Beim Angriff auf feindliche Bunker oder Unterstände gingen die Grenadiere in Kampfgruppen vor, die aus einem Panzerzug und einem Infanteriezug bestanden und durch einen Pioniertrupp verstärkt wurden. Vor dem Angriff auf eine starke Verteidigungsstellung wie einen Bunker wurde auch Artillerie eingesetzt. Unter diesem Feuerschutz rückten die Grenadiereinheiten mit Nahunterstützung durch Panzer zum Bunker vor.

Unten: Grenadiere lassen sich mit ihrem im weichen Boden der russischen Steppe stecken gebliebenen Horch-Geländewagen fotografieren. Hinten auf dem Fahrzeug sind Vorräte verstaut. Die Panzerbesatzungen und Panzergrenadiere trafen auf der offenen Steppe Südrusslands, die als gutes Panzergelände angesehen wurde, nur auf mäßige Schwierigkeiten. Es gab nur wenige Straßen, aber der Boden war meist fest genug sowohl für Räder- als auch Kettenfahrzeuge.

Rechts: September 1942, die Schlacht von Stalingrad – Grenadiere auf dem Weg ins Gefecht auf einem nicht identifizierbaren Fahrzeug. In der Ferne sind die Anzeichen schwerer Kämpfe zu erkennen, schwarzer Rauch steigt von einer brennenden Fabrik am Wolga-Ufer auf. Der Soldat rechts ist mit einem 7,92-mm-Kar 98b bewaffnet, der häufigsten Waffe im Arsenal der Grenadiere. Sie wog 4 kg und hatte ein Fünf-Schuss-Magazin. Beide Grenadiere tragen den Einheitshelmtarnüberzug des Heeres.

Unten: Während einer kurzen Kampfpause bei Stalingrad legt eine Gruppe von Grenadieren eine Rast unter dem Schutz eines Kommandopanzerwagens Sd.Kfz. 251 ein. Alle Soldaten tragen die Uniform M36 der Wehrmacht, die unter Kampfbedingungen im Feld getragen wurde. Die Soldaten sind mit Kar 98K-Patronentaschen, Brotbeutel, Schanzzeug, Taschenlampen und Wasserflasche ausgerüstet. Drei der Soldaten haben einen 6x30-Feldstecher umgehängt.

Rechts: Verschiedene Halbkettenfahrzeuge und Mannschaftswagen auf einem Feld in Frankreich, 1940. Um für feindliche Bomber oder Artillerie kein leichtes Ziel abzugeben, sind sie übers Feld verteilt. Deutlich zu erkennen sind einige Halbkettenfahrzeuge Sd.Kfz. 251 und Sd.Kfz. 10. Im Vordergrund befindet sich eine teilweise von einer ausgebreiteten Zeltbahn verdeckte Besatzung eines Sd.Kfz. 10. Die Zeltbahn schützte die Besatzung nicht nur vor Regen und Kälte, sondern gab auch einen gewissen Tarnschutz. Zu diesem Zeitpunkt hatte die Luftwaffe aber noch die absolute Luftherrschaft, denn die meisten Einheiten verstreuten ihre Fahrzeuge nicht wie hier.

Unten: Lastwagen mit aufgesessener Infanterie überqueren eine Pontonbrücke in Frankreich, 1940. Die Infanterie des deutschen Heeres betrachtete sich selbst als wichtigsten Teil der Streitkräfte. Sie umfasste die größte Zahl an Männern, und ihre Kampfkraft brachte Deutschland in Polen den Sieg. Nur der Infanterist war in der Lage, den Gegner auf dem Schlachtfeld zu besiegen und die erzielten Bodengewinne zu halten. Bald stellte die Infanterie fest, dass sie in Unterstützung der Panzer eine noch größere Feuerkraft hatte und bei geringeren Verlusten schneller vorstoßen konnte. Aus den Infanterieregimentern entwickelten sich die Panzergrenadiere, die sich nicht mehr zu Fuß, sondern hauptsächlich mit Motorfahrzeugen fortbewegten.

Oben: Ein Kommandopanzerwagen Sd.Kfz. 251 auf einer schlammigen Straße. Diese Spezialfahrzeuge waren für höherrangige Kommandeure vorgesehen und wurden in begrenzter Zahl hergestellt. Das Sd.Kfz. 251 war das beliebteste Fahrzeug bei den Panzergrenadieren und befand sich häufig im dichtesten Kampfgetümmel, wo es neben den Panzern vorrückte und diesen wertvolle Unterstützung gab. Doch erst in Russland, als den Grenadieren im Kampf eine größere Bedeutung zukam, wurden die Halbkettenfahrzeuge mit einer schweren Hauptwaffe ausgestattet, um ihnen noch mehr Schlagkraft zu verleihen.

Oben: Als Vorbereitung für die Schlacht reinigt ein Angehöriger der Waffen-SS das Rohr einer 7,5-cm-KwK 37 L/24 seines Sd.Kfz. 251/9. Die Waffen-SS erhielt ihre ersten Halbkettenfahrzeuge Sd.Kfz. 251 erst 1942, als Hitler die Aufrüstung der Divisionen »Das Reich«, »Leibstandarte« und »Totenkopf« für den Krieg im Osten beschloss. Ein Sd.Kfz. 251 hatte eine SS-Schützengruppe von zehn Mann plus einem MG 34. Diese Halbkettenfahrzeuge tauchten oft mitten im Kampfgeschehen auf, setzten ihre Soldaten ab, säuberten das Gebiet von feindlichen Truppen, bevor sie sich wieder zurückzogen und an eine andere Kampflinie verlegt wurden.

Rechts: Ein Offizier in einem Kommandopanzerwagen Sd.Kfz.251 erteilt einem Kommandanten einer Panzergrenadiereinheit Befehle, 1943. Bis zu dieser Zeit war das Sd.Kfz. 251 nicht nur ein Halbkettenfahrzeug für den Truppentransport ins Kampfgebiet, sondern hatte sich zu einem richtigen Kampfwagen entwickelt. Es verfügte über eine gute Geländegängigkeit und konnte mit den schnellen Panzertruppen mithalten. Wegen seiner Schnelligkeit setzten die Panzergrenadiere das Sd.Kfz. 251 den ganzen Krieg über ein, in dem das Fahrzeug auch mitten im Kampf wertvolle Feuerunterstützung geben konnte.

Oben: Eine Kolonne von StuG. III Ausf. G mit Infanterie in Polen, Oktober 1944. Um das Tempo beizubehalten, wurde die Begleitinfanterie auf Panzern und anderen gepanzerten Fahrzeugen ins Kampfgebiet gebracht. Wenn sie auf Widerstand stießen, saßen sie sofort ab, um Verluste zu vermeiden. Diese späte Ausführung der Sturmgeschütze III ist immer noch mit dem Sommertarnmuster aus braunen Flecken auf dunkler Sandfarbe versehen. Alle drei Fahrzeuge tragen eine dicke Zimmeritbeschichtung. Da dem mittleren Sturmgeschütz Schürzenteile fehlen, war es wohl an schweren Gefechten beteiligt.

Oben: Ein Sd.Kfz. 251 und ein Sd.Kfz. 10 auf der Durchfahrt durch ein französisches Dorf, 1940. Hinten auf dem Sd.Kfz. 251 ist das taktische Divisionszeichen der 1. Panzerdivision aufgemalt. Während der Invasion in Frankreich erwies sich das Sd.Kfz. 251 als ideale Ergänzung der vorwiegend auf Lastwagen beförderten Schützen der Panzerdivisionen. Es war relativ leicht gepanzert, um im Gelände nicht an Geschwindigkeit einzubüßen und mit den schnellen Panzereinheiten mithalten zu können.

Unten: Eine Kolonne Halbkettenfahrzeuge Sd.Kfz. 251 durchquert einen Fluss in Russland, 1941. Damals wurden die Halbkettenfahrzeuge bereits an der Front im Kampf eingesetzt, wodurch sich sowohl die Verwundbarkeit der aufgesessenen Infanterie als auch des Fahrzeugs selbst erhöhte. Im Sommer 1941 erzielten die Sd.Kfz. 251 jedoch beträchtliche Erfolge und behaupteten sich selbst im dichtesten Kampfgetümmel. Immer wieder sicherten sie die Flanken der Panzerspitzen und setzten ihre Grenadiere mitten im Kampfgebiet ab.

Links: Eine Gruppe von Halbkettenfahrzeugen Sd.Kfz. 251 der Panzergruppe Kleist an der Ostfront, 1941. Diese Grenadiere sind in ein nahe liegendes Dorf vorgerückt und haben eine Hand voll russischer Gefangene gemacht. Ein russischer Soldat steht vor einem Halbkettenfahrzeug, einige Kriegsgefangene sind im Halbkettenfahrzeug hinter dem russischen Soldaten zu sehen. 1942 wurden gefangen genommene Soldaten der Roten Armee jedoch immer seltener mit gepanzerten Fahrzeugen ins rückwärtige Gebiet transportiert.

Oben: In der Anfangsphase des Russlandfeldzugs im Juli 1941 werden Panzerfahrzeuge der 6. Armee mittels Fähre über den Fluss gebracht. Ein Halbkettenfahrzeug Sd.Kfz. 7 ist gerade von der Fähre herunter gefahren und hält neben einem Pz.Kpfw. II. Selbst Ende 1941 schien die deutsche Panzertruppe immer noch unbesiegbar. Ein paar Monate später, als die 6. Armee den Befehl erhielt, am Wolga-Ufer in südöstlicher Richtung auf Stalingrad vorzurücken, wurde sie immer weiter in verlustreiche Straßenkämpfe verwickelt und konnte die Vorteile der Beweglichkeit und Feuerkraft nicht mehr ausnutzen. Die Einnahme von Stalingrad war ein wichtiges Ziel, um dem deutschen Heer Zugang zu Astrachan und den wichtigen Ölquellen im Süden zu verschaffen.

Unten: Eine Gruppe britischer Soldaten, die im Juni 1941 vom 8. Panzerregiment in der Nähe des Halfajapasses in Nordafrika gefangen genommen wurde. Die Gefangenen werden in einem Halbkettenfahrzeug Sd.Kfz. 251 ins rückwärtige Gebiet gebracht. Das Sd.Kfz. 251 verfügte unter den gepanzerten Mannschaftstransportwagen über eine technische Neuerung: hintere Türen und der Mannschaftsraum wurde offen gelassen, sodass die Infanterie schnell über die Seiten aussteigen konnte. Der Aufbau war an der Front durch eine 1,45 cm starke Panzerplatte und seitlich und hinten durch eine 0,8 cm starke Panzerung geschützt. Das Halbkettenfahrzeug wurde beim Afrikakorps in großer Zahl eingesetzt.

Links: Mai 1941, Tobruk – die Besatzung eines Sd.Kfz. 251 auf der Fahrt durch die nordafrikanische Wüste. Ein MG 34 ist oben auf dem Halbkettenfahrzeug montiert. Es ist mit Leinwand gegen den Wüstensand geschützt. Das Fahrzeugverdeck dient nicht nur zum Schutz der zehnköpfigen Besatzung, sondern auch als Tarnung in der offenen Wüste. Der Divisionswimpel zeigt die Präsenz eines Offiziers an. Wenn der Offizier sich nicht im Fahrzeug befand, wurde der Wimpel entweder entfernt oder abgedeckt.

Oben: Truppen des 5. Panzerregiments sind südlich von Tobruk zum Stehen gekommen, Juni 1941: links ein Pz.Kpfw. III Ausf. F, rechts ein Sd.Kfz. 251 mit fast vollständiger Besatzung. In der nordafrikanischen Wüste diente das Halbkettenfahrzeug weiterhin zur Unterstützung der Panzerspitzen. Das weite, offene Gelände war für Panzer relativ günstig: Die Halbkettenfahrzeuge mit ausreichend bewaffneten Soldaten konnten mit anderen Fahrzeugen in enger Formation bleiben.

Rechts: Juli 1943, Kursker Frontbogen – Grenadiere in Nahunterstützung eines StuG. III auf einem Acker. Ein paar Grenadiere sind auf dem Sturmgeschütz aufgesessen. Die Männer tragen die volle Ausrüstung und sind mit einem Karabiner 98k bewaffnet. Der Soldat im Vordergrund maschiert mit aufgepflanztem Bajonett. Während der Schlacht bei Kursk betrug die Gesamtstärke der 9. Armee und 4. Panzerarmee etwa 700.000 Mann, 2000 Panzer und Sturmgeschütze und 1800 Flugzeuge.

Oben: Im Kriegssommer 1942 ziehen Soldaten einer nicht bekannten Gebirgsdivision der Heeresgruppe Süd an einem der vielen aufgelassenen sowjetischen Bunker vorüber. Diese Gebirgstruppen kämpfen nicht in ihrem natürlichen Element und hatten wenig Gelegenheit, ihre Fähigkeiten im Gebirgskampf unter Beweis zu stellen. Doch auch in konventionellen Schlachten in der flachen und trockenen Wildnis der Sowjetunion schlugen sie sich oft hervorragend gegen die Russen, besonders wenn sie von Panzern unterstützt wurden. In der späteren Kriegsphase wurden diese hervorragend ausgebildeten Soldaten oft als gewöhnliche Frontsoldaten in die Kämpfe geworfen.

Unten: Während des Unternehmens »Zitadelle« rückt eine Grenadiereinheit der Waffen-SS durch ein Sonnenblumenfeld vor. Hier wird die Wirkung ihrer Tarnjacken und Helmtarnüberzüge deutlich. Der Grenadier vorne im Bild ohne Helmtarnüberzug trägt eine frühe Version der Tarnjacke im »Platanenmuster«. Seine Ausrüstung beschränkt sich auf den Gürtel und ein P-38-Holster, was ungewöhnlich ist. Die anderen beiden Grenadiere scheinen die volle Ausrüstung zu tragen, darunter Patronentaschen, Schanzzeug, Aluminiumwasserflasche, Kochgeschirr, Brotbeutel und Gasmaskenbüchse.

Unten: Ende Herbst 1944 an der Ostfront – der Kommandant eines voll besetzten Sd.Kfz. 251/3 Ausf. C gibt dem Kommandanten eines Pz.Kpfw. IV Ausf. J Befehle weiter. Der auf die Kamera zugehende Grenadier ist mit einer MP 40 bewaffnet. Als die Luftwaffe 1944 die Luftherrschaft verlor, waren die Panzereinheiten immer öfter feindlichen Luftangriffen ausgesetzt. Um die Verluste gering zu halten, tarnten die meisten Besatzungen wie hier ihre Fahrzeuge mit Laub. Interessanterweise hat die Panzerbesatzung nicht versucht, ihr Fahrzeug vor Fliegerkräften zu verbergen.

Links: An der Ostfront unterstützen Soldaten der Kampfgruppe »Nord« (später in 6. SS-Gebirgsdivision »Nord« umbenannt) eine Panzerspitze Richtung Murmansk. Diese Waffen-SS-Soldaten tragen den zweiteiligen Schneeanzug und sind mit Karabinern 98k bewaffnet. Scheinbar sammeln sie Schnee für die Trinkwassergewinnung. Diese Truppen zählten zu den ersten Einheiten, die im nördlichsten Abschnitt der Ostfront zum Einsatz kamen. In der klirrenden Kälte dieses dunklen Waldgebiets, das sich über viele hundert Quadratkilometer erstreckte, erlitt die Kampfgruppe »Nord« schwere Verluste durch starken sowjetischen Widerstand.

Oben: Ende 1941 – unter schwerem sowjetischem Feuer gehen Soldaten der Kampfgruppe »Nord« im Schnee in Deckung. Auch der Fotograf hat sich in Sicherheit gebracht: Zusammengekauert neben den Rädern eines Pz.Kpfw. III fotografiert er einen mit dem Gesicht nach unten im Schnee liegenden Soldaten, der vermutlich schwer verwundet oder tot ist. In der Ferne suchen einige Skijäger Schutz hinter Bäumen. Alle Soldaten tragen die beidseitig tragbare stark wattierte Winterbekleidung. Die Jacke ist mit einer Kapuze sowie mit Zugriffstaschen zur darunter getragenen Uniform versehen. Die Stahlhelme sind zur besseren Tarnung weiß angestrichen.

Rechts: Eine Skijägerbrigade der Waffen-SS rückt unter dem Schutz einer Gruppe von Pz.Kpfw. III durch den Schnee vor. Die Skijäger tragen den schneeweißen Winteranzug, der aber nur eine gute Tarnung war, solange er nicht schmutzig war. Deshalb stattete man die Soldaten mit einem dünnen weißen Baumwollumhang aus, der über Uniform und Ausrüstung getragen wurde und sich leicht waschen und reinigen ließ.

Oben: Eine Gruppe von Offizieren der Gebirgspanzerjägerabteilung 157 der 6. SS-Gebirgsdivision »Nord« fährt auf einem Pz.Bef.Wg. III Ausf. H mit. Zwei Offiziere tragen Tarnanzüge. Der Offizier mit dem Feldstecher in der Hand trägt eine gestickte schwarze Armbinde, die im verschneiten Gebiet, wo der Gegner ebenfalls weiße Tarnkleidung trug, zur Unterscheidung zwischen Freund und Feind dienen sollte. Außerdem trägt er einen weißen Stahlhelm und gut gepolsterte Fäustlinge.

Links: Ende 1943 – ein Offizier der SS-Panzerjägerabteilung 6 in einem Panzerfahrzeug. Zu seiner Rechten hält ein Soldat ein Mausergewehr mit weißem Tarnanstrich. Dieses Foto wurde während des Einsatzes der neu gebildeten 6. SS-Gebirgsdivision »Nord« in Karelien aufgenommen. Bis Dezember 1944 erfolgte die Verlegung der Division nach Belgien.

Unten: Offiziere und Soldaten der Gebirgspanzerjägerabteilung 157 der 6. SS-Gebirgsdivision überwachen das Gelände für den nächsten strategischen Zug. Die 6. Gebirgsdivision nahm in Russland am Hauptstoß auf den Hafen von Murmansk teil. Sie blieb bis Ende 1944, als sich Finnland den Russen ergab, im nördlichsten Abschnitt der Ostfront.

Unten: Ende 1943 – Skijäger der der 6. SS-Gebirgsdivision »Nord« angegliederten SS-Panzerjägerabteilung 6 auf dem Vormarsch durch verschneites Gebiet. Unterstützt werden sie von Pz.Kpfw. III, die den Truppen zusätzliche Schlagkraft gaben. Sowohl Gebirgsjäger der Wehrmacht als auch der Waffen-SS waren ausreichend bewaffnet und ausgerüstet, hatten aber wenig Gelegenheit, ihre hervorragenden Fähigkeiten im Gebirgskampf zu demonstrieren. Die ausdauernd und geschickt kämpfenden Gebirgsjäger wurden zweckentfremdet, als sie als gewöhnliche Infanterie in den Kampf geworfen wurden, denn dafür waren sie kaum ausgebildet.

Links: Sommer 1942, Südrussland – Gebirgsjäger auf dem Vormarsch durch den dichten Rauch nach heftigen Kämpfen. Die Gebirgsjäger kämpften an der Ostfront in beiden Extremen, ihre Operationen im Kaukasus brachten sie beinahe aus Europa hinaus nach Asien. Im Zweiten Weltkrieg gab es eigentlich keinen Feldzug, in dem die Gebirgsjäger nicht eingesetzt wurden. Für die Anforderungen der Kampfführung im Gebirge waren die Gebirgsdivisionen mit Waffen und Transportmitteln ausgestattet, die sich von jenen der Standardinfanteriedivisionen ziemlich unterschieden.

Links: Ein mit einem Flammenwerfer bewaffneter Grenadier feuert über dem öden Gelände einen tödlichen Flammenstoß aus brennendem Benzin. Der Flammenwerfer blieb während des Zweiten Weltkriegs eine seltene, für die Grenadiere der Wehrmacht und der Waffen-SS aber wertvolle Waffe. Die Waffe verfügte jedoch nur über eine begrenzte Reichweite und war für die Grenadiere unhandlich und mühsam zu tragen. In einer Hand wurde der Werfer gehalten, auf dem Rücken wurde der Tank getragen, sodass die Männer Schwierigkeiten beim Auf- und Absitzen von Panzer- oder Halbkettenfahrzeugen bekamen.

Oben: Panzergrenadiere der Waffen-SS halten in einer ostpreußischen Stadt, Anfang Januar 1945. Drei Halbkettenfahrzeuge Sd.Kfz. 251 mit aufgesessenen Soldaten halten auf der Straße. In dieser Phase unterstützten nicht mehr die SS-Panzergrenadiere die Panzer, sondern sie benötigen selbst die Hilfe der Panzer. Tag für Tag kämpften die Panzergrenadiere im so genannten »schwarzen Januar« bis zum Letzten, als Ostpreußen unter dem Gewicht der russischen Panzer erbebte. Die sowjetische Front verlief über rund 480 km über preußisches Gebiet in die baltischen Staaten. Bald sollte das ganze Reich überrannt werden.

Links: Drei Grenadiere auf dem Vormarsch über schlammiges Gelände, Ostfront 1942. Alle drei sind mit einem 7,92-mm-Kar 98k bewaffnet. Karabiner mit Zylinderverschluss zählten bei den Panzergrenadieren zu den am häufigsten verwendeten Waffen. Das Gewehr wog nur 4 kg, sodass dem Soldaten das Auf- und Absitzen von Fahrzeugen relativ leicht fiel und er schnell und wirkungsvoll in den Kampf gehen konnte. Zwei der Grenadiere tragen Gummiringe um ihre verschmutzten Helme, die zum Befestigen von Laub oder Gras zur Tarnung dienten.

Oben: Während des »Falls Blau« im Mai 1942 marschieren Grenadiere in ein verlassenes Dorf ein. Der Grenadier am Ende der Kolonne hat ein MG 34 geschultert. Es war das erste Mehrzweck-MG der Welt und wurde von Grenadieren sowohl als leichte als auch schwere Waffe eingesetzt. Mit einem Gewicht von nur 11,5 kg war es leichter zu tragen als seine Vorgänger. Das Maschinengewehr besaß einen hölzernen Schaft, Pistolengriff und Visier mit Dreieckkimme. Die solide Konstruktion hielt den Kampf- und rauen Witterungsbedingungen stand, denen die Grenadiere ausgesetzt waren.

Oben: Eine mit Karabinern 98k bewaffnete Gruppe von Grenadieren auf dem Vorstoß durch die scheinbar unendliche Weite Russlands, Sommer 1942. Die Panzergrenadiere erkundeten regelmäßig das Gelände vor den Panzern. Meistens wurden sie an den Flanken eingesetzt, um die deutschen Panzer während ihres Durchbruchs durch die gegnerischen Verteidigungsstellungen vor feindlichen Gegenangriffen abzusichern. Wenn den Panzern die Einnahme einer Stellung gelungen war, kehrten Halbkettenfahrzeuge und Mannschaftstransportwagen zurück und nahmen die Grenadiere wieder auf.

Unten: Sommer 1943, Russland – eine Gelegenheit für eine Rast nach einem erfolgreichen Panzerdurchbruch. Verschiedene Fahrzeuge, darunter Horch-Geländewagen, sind über die russische Steppe verteilt. Auf der weiten, offenen Landschaft waren die Grenadiere dem feindlichen Feuer ausgesetzt, deshalb wurden sie immer seltener für den Flankenschutz herangezogen. Stattdessen kamen sie jetzt in erster Linie für die Lokalisierung und Ausschaltung feindlicher Panzerabwehrnester und die Zerstreuung von Panzerjägereinheiten des Gegners zum Einsatz.

Links: Während einer Kampfpause halten Soldaten auf der russischen Steppe, um Wasser nachzufüllen, 1942. In der Steppe war Trinkwasser Mangelware, und vielen Veteranen ist der ständige Durst in diesem Gebiet, der besonders in den heißen Sommermonaten schlimm war, in Erinnerung geblieben. Die Landschaft hatte aber trotzdem ihre Vorteile, denn sowohl Panzerbesatzungen als auch Grenadiere erachteten sie als gutes Panzergelände. Es gab zwar wenige Straßen, doch der Boden war bei trockenem Wetter fest genug für Räder- und Kettenfahrzeuge.

Oben: Dieses 1942 aufgenommene Foto zeigt eine Reihe haltender Halbkettenfahrzeug Sd.Kfz. 251. Auf der Seite steht der Fahrzeugname »Nikolajew« in weißer Farbe. Es war bei der Wehrmacht nicht üblich, einzelnen Fahrzeugen einen Namen zu geben, aber wenn doch, dann diente dies zur Erkennung ebenso wie zur Hebung der Moral. Einige Fahrzeuge leiteten ihren Namen von einer Stadt, einem Land oder einem Gebiet in Deutschland ab, mitunter wurden sie auch nach der Einnahme einer wichtigen Stadt benannt. Der Name dieses Fahrzeugs leitet sich vermutlich von der südrussischen Stadt Nikolajew am Schwarzen Meer ab.

Oben: Februar 1943, Charkow – Panzergrenadiere der 2. SS-Elitepanzerdivision »Das Reich« auf einem Panzer. Gleich nordwestlich von Charkow wurden sowjetische Kräfte vorübergehend von Einheiten der Division »Das Reich« zum Stehen gebracht. Hitler hatte befohlen, die Stadt um jeden Preis einzunehmen und dann zu halten. Am 12. März 1943 trafen Einheiten der Division »Das Reich« in der Stadt ein und erreichten die Hauptbahnstrecke. Nach der Verbindung mit Teilen der 1. SS-Panzerdivision »Leibstandarte SS Adolf Hitler« stießen sie in den östlichen und südöstlichen Stadtteil vor, um die dort noch eingeschlossenen russischen Kräfte auszuschalten.

Rechts: Die Schlacht bei Kursk, 1943. Zu sehen sind Panzergrenadiere der 2. SS-Panzerdivision »Das Reich«. Fast eine Million deutsche Soldaten versuchten sich durch sechs sowjetische Verteidigungsgürtel zu kämpfen, doch der Angriff entwickelte sich bald zu einer Zermürbungsschlacht. Auf diesem Foto beobachten die Grenadiere die Verwüstung auf dem Schlachtfeld von einem eingenommenen Graben aus. Einige zerstörte sowjetische Panzer T-34 sind zu sehen, vermutlich die Opfer von Kampfhandlungen während der frühen Angriffsphase.

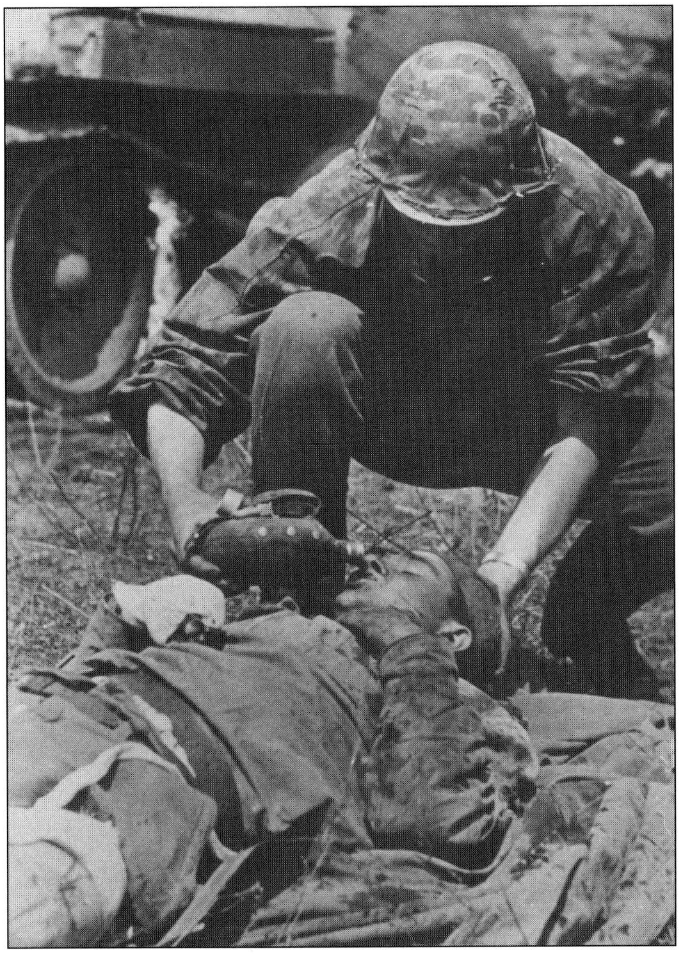

Links: Dieses Foto wurde vermutlich während des Unternehmens »Zitadelle« aufgenommen. Im Hintergrund brennen die Überreste eines sowjetischen T-34/76 Modell 1943, vor dem ein Grenadier der Waffen-SS einem verwundeten Panzermann Wasser aus seiner Feldflasche M31 zu trinken gibt. Die sowjetischen Verluste in dieser Schlacht waren beträchtlich, sowjetischen Berichten zufolge wurden 177.847 Mann von einer Gesamtstärke von 1.272.700 getötet oder verwundet. Trotz dieser Verluste hatte die mobile Truppe der Sowjets die Deutschen zum Stehen gebracht – doch der Preis war hoch: eine Verzögerung in der Einnahme von Charkow und eine Panzerverlustrate, die achtmal so hoch war wie auf deutscher Seite.

Unten: Zwei MG-Schützen der Waffen-SS-Grenadiere stürmen nach Verlassen ihres Kübelwagens Typ 166 Kfz.1/20 Schwimmwagen vor, um in Deckung zu gehen. Der MG-Schütze ist mit einem 7,92-mm-MG 42 ausgerüstet. Das MG 42 war das beste Maschinengewehr im Zweiten Weltkrieg. Es besaß hervorragende Handhabungseigenschaften und wurde bei den Panzergrenadieren häufig eingesetzt, da es eine gewaltige Kampfkraft und eine Feuerrate von bis zu 1550 Schuss pro Minute hatte. Wie beim MG 34 konnten die einzelnen Patronengurte für längeres Dauerfeuer zusammengesteckt werden. Für die Bedienung des Maschinengewehrs stand eine Grenadiermannschaft aus neun Mann bereit, und schon ein paar dieser MG konnten bei guter Sicht und ausreichender Munitionsversorgung ein ganzes angreifendes Regiment stundenlang aufhalten. Der Grenadier mit der MG-Munitionskiste ist der so genannte Schütze 2.

Rechts: Während des Unternehmens »Zitadelle« steht ein mit einer MP 40 bewaffneter SS-Grenadier Wache über einem gefangenen russischen Infanteristen, der sich um einen verwundeten Kameraden kümmert. Hinter ihnen brennt ein zerstörter russischer T-34. Der Grenadier trägt einen Tarnhelm im »Platanenmuster« und ein frühes Modell der Tarnjacke im »Palmenmuster«, die 1940 eingeführt wurde. Die strategische Operation von Kursk war für beide Seiten äußerst verlustreich, doch die Sowjets konnten mit ihrer gewaltigen Roten Armee die Verluste verkraften, während die Deutschen das mit Sicherheit nicht konnten. Jetzt hatten die Sowjets die Initiative an sich gerissen und bauten ihren Sieg voll aus: Ab jetzt gab es an der Ostfront keine Ruhephasen mehr.

Unten: Auch dieses Foto zeigt eine Szene aus dem Unternehmen »Zitadelle«. Nach einer kurzen Kampfpause legt eine MG-Mannschaft von SS-Grenadieren in einem Panzerfahrzeug eine Rast ein. Schütze 1 stützt seinen Kopf auf den hölzernen Schaft des voll geladenen MG 42. Die Waffe ist auf ein Dreibein montiert, das schnell gelöst und per Hand ins Gefecht getragen werden konnte. Die anderen beiden Männer im Panzerfahrzeug sind wahrscheinlich für den Munitionsnachschub verantwortlich. Ein typischer MG 42-Trupp bestand aus dem Schützen, Ladeschützen und einem Munitionsträger.

Oben: Unternehmen »Zitadelle« – ein MG-Trupp der SS-Grenadiere wird auf einem Panzer mitgenommen. Der Soldat links ist mit einem MG 42 bewaffnet. Der Kamerad zu seiner Linken trägt eine MP 40. Wenn die Mannschaft den Kampf abgesessen weiterführte, teilten sich die meisten Männer auf Deckungslöcher auf, um das neu errichtete MG-Nest von allen Seiten zu decken. Zwar erlitten die Mannschaften dabei hohe Verluste, konnten aber weiterhin sehr wirksam die Flanken sichern und für die Panzer einen Weg offen halten.

Oben: Eine voll ausgerüstete Grenadiergruppe bereitet sich aufs Gefecht vor. Der MG 34-Schütze und Schütze 2 haben Laub und Gras am Helm befestigt. Diese Tarnmethode wurde in unterschiedlichem Maß angewendet, hatte aber immer die Wirkung, die scharfen Helmumrisse aufzulösen. Es war auch ganz nützlich, die Helmoberfläche weniger reflektierend zu machen. Die hier gezeigten Soldaten sind ganz gut mit ihrer Umgebung verschmolzen.

Links: Während des Westfeldzugs 1940 bleibt ein Soldat mit einem Feldtelefon in Deckung. Wahrscheinlich befindet er sich in einem vorgeschobenen Beobachtungsposten und sammelt wichtige Informationen für verschiedene aus dem rückwärtigen Gebiet nachfolgende Einheiten. Die Panzergrenadiere waren ständig mit der Erkundung feindlicher Stellungen befasst und gaben Meldungen über die Feindlage an andere vorrückende Einheiten weiter. Durch diese riskante Aufgabe waren die Grenadiere in der Lage, die Flanken offen zu halten und einen relativ unbehinderten Panzervorstoß zu ermöglichen.

Oben: Ein mit einem voll geladenen MG 42 bewaffneter SS-Grenadier während der Anfangsphase des Unternehmens »Zitadelle«. Ein zerstörter Panzer T-34 und ein ausgebrannter russischer Lastwagen zeugen von schweren Kämpfen in diesem Gebiet. Auf dem Schlachtfeld versuchten die SS-Grenadiere ihre Maschinengewehre in eine möglichst vorteilhafte Verteidigungsstellung zu bringen und verwendeten eine ausgeklügelte Tarnung zu ihrem Schutz. Dieser MG-Schütze hat eindeutig nur eine vorübergehende Stellung bezogen und wird, wenn die Zeit und Bedingungen es erlauben, mit seinem Maschinengewehr einfach in eine andere Stellung vorrücken.

Unten: Sommer 1943, Ukraine – Panzergrenadiere rücken unter dem Schutz eines Halbkettenfahrzeugs Sd.Kfz. 251 durch ein Feld vor. Zu sehen sind auch von Grenadieren flankierte russische Gefangene. Bis dahin gewann die sowjetische Armee in der Ukraine und in Weißrussland an Schwung. Bis August wurde Charkow zurückerobert, im darauf folgenden Monat holte sich die Rote Armee Smolensk und Briansk zurück. Im Oktober erlitt das deutsche Heer einen weiteren Schlag, als der Brückenkopf von Kuban gegenüber der Krim zerstört und damit für die deutschen Schiffe der Zugang zum Asowschen Meer gesperrt wurde. Am 6. November hatten die Sowjets die ukrainische Hauptstadt Kiew zurückerobert.

Rechts: Verteilt über die russische Steppe geben die verschiedenen Panzerfahrzeuge im Falle eines Fliegerangriffs oder schweren Artillerieangriffs ein kleineres Ziel ab. Auf dem Sd.Kfz. 251 hält die Fahrzeugbesatzung ein Nickerchen. Hinten über dem Kampfraum ist für die Erkennung aus der Luft die Hakenkreuzfahne ausgebreitet. Der Rest des Kampfraumes wurde mit einer Zeltbahn abgedeckt, die auch das MG 34 mit Schutzschild verdeckt. Höchstwahrscheinlich schlafen weitere Grenadiere unter der Zeltbahn. An der Seite des Halbkettenfahrzeugs befindet sich das alte Balkenkreuz in Schwarz mit weißen Umrissen.

Unten: Eine seltene Aufnahme von SS-Panzergrenadieren mitten im Kampfgeschehen während der frühen Phase des Unternehmens »Zitadelle«. Die Grenadiere stoßen auf Ziele der Roten Armee vor. Ihre Hauptaufgabe war es, den Angriff anzuführen und das Gelände von feindlicher Infanterie und Panzerjägern zu säubern, damit die Panzer ungehindert durchstoßen konnten. Der Erfolg des Grenadiers im Kampf beruhte auf schnellem Reagieren und kühnen Taktiken. Dementsprechend hoch war aber auch die Verlustrate unter den Soldaten, besonders bei der Waffen-SS. Doch trotz des hohen Preises für jeden Meter Boden machten die Grenadiere weiter, rückten von einem Kampfgebiet zum nächsten und durchbrachen die feindlichen Stellungen.

Oben: Ein Sd.Kfz. 251 mit Antenne auf einer Straße an der Ostfront, Sommer 1943. Das Sd.Kfz. 251 war ein sehr robustes und zuverlässiges Fahrzeug und wurde häufig für den Transport von Grenadieren ins Kampfgebiet eingesetzt. Sobald das Gebiet gesäubert war, saßen die Grenadiere wieder auf und wurden an den nächsten »Brandherd« gebracht, wo sie wieder absaßen und von vorne begannen.

Unten: In der frühen Phase der sowjetischen Sommeroffensive »Bagration« von 1944 hält ein StuG. III auf einer Straße neben einem Sd.Kfz. 251. Zu dieser Zeit wurden die Panzergrenadiere meist von Halbkettenfahrzeugen ins Kampfgebiet gebracht. Der 100 PS starke Maybach-Vergasermotor NL 42 mit sechs Zylindern ermöglichte eine maximale Geschwindigkeit von 52,5 km/h auf der Straße und 29 km/h im Gelände.

Oben: Zwei Halbkettenfahrzeuge Sd.Kfz. 251 mit Panzergrenadieren bei der Fahrt durch lichten Wald, Anfang Herbst 1941. Diese Soldaten gehörten zu Guderians Panzergruppe II. Sie sollten bald in schwere Kämpfe westlich von Moskau verwickelt werden. Der Winter und der entschlossene russische Widerstand hinderten Guderians Panzertruppe jedoch daran, bis zur sowjetischen Hauptstadt zu kommen. Selbst mit Unterstützung der Panzergrenadiere erwiesen sich weitere Versuche als sinnlos.

Rechts: Nach einer Reihe von geglückten Durchbrüchen durch einige feindliche Verteidigungsstellungen im Sommer 1943 rücken Waffen-SS-Grenadiere übers Kampfgebiet vor. Zwei den Angriff unterstützende Pz.Kpfw. IV sind im Hintergrund zu erkennen. Bis 1945 kämpften die Panzergrenadiere in kleinen beweglichen Gruppen mit Panzern. Obwohl die Tage der Panzergrenadiere Anfang April 1945 gezählt waren, kämpften sie sich von einer hoffnungslosen Kampfzone zur nächsten vor.

KAPITEL 8

UNTERSTÜTZUNGSFAHRZEUGE

Wichtige Transportmittel

Bei den Vorbereitungen fürs Gefecht war man für den Transport auf verschiedene leichte und schwere Lastwagen sowie zahlreiche zivile und gepanzerte Fahrzeuge angewiesen. Die Beibehaltung des Schwungs war für den Erfolg eines Panzerangriffs von wesentlicher Bedeutung, und ohne Unterstützungsfahrzeuge konnte der gesamte Vormarsch zum Stehen kommen.

Links: Frankreich 1940 – Truppen beim Abladen von Brückensektionen von einem Lastwagen. Eine typische Panzerdivision verfügte über eine Vielfalt von Unterstützungsfahrzeugen, darunter Funkwagen, Mannschaftswagen, Horch-Lastwagen, Opel Blitz A-Typ Küchenwagen, Tankwagen, Büssing Nag 500 A und Henschel 33G 1-Truppentransporter, Zugmaschinen und Schlepper. Es wurden auch einige zivile Lastwagen eingesetzt, die jedoch bei weitem nicht an die bevorzugten Krupp-Lastwagen herankamen.

Handelsübliche Fahrzeuge

1939 stand bei der Wehrmacht eine breite Palette handelsüblicher Fahrzeuge im Dienst: Personenkraftwagen, Krafträder, leichte und schwere Geländelastwagen. Ohne diese Unterstützungsfahrzeuge konnte eine Panzertruppe während der Vorbereitungen fürs Gefecht nicht auskommen, denn sie sorgten für den zügigen und reibungslosen Ablauf. Die Unterstützungsfahrzeuge trugen auch entscheidend zum Vorstoß des Heeres bei, vor allem wenn die führenden Einheiten der Truppe schon weit voraus waren. Die Transportfahrzeuge, einschließlich Zugmaschinen und Schlepper, waren ebenfalls eine wichtige Komponente und unentbehrlich für das Ziehen von Brückengerät und die Beförderung der vielen Millionen Ersatzteile für die gewaltige Zahl an Panzern, Panzerwagen, Halbkettenfahrzeugen und anderen Unterstützungsfahrzeugen. Die Unterstützungsfahrzeuge waren permanent im Einsatz, vor allem für die Kettenfahrzeuge, die selbst im kampflosen Vormarsch einer extremen Abnutzung unterlagen. Außerdem richteten die Panzerketten selbst oft gewaltige Schäden auf den Straßen an, was den nachfolgenden Transportfahrzeugen beträchtliche Schwierigkeiten bereitete, denn nur wenige Lastwagen verfügten über Allradantrieb. Der Panzer selbst war auch nicht zuverlässig und sehr reparaturanfällig. Nach und nach erhielt jede Division drei mobile Werkstätten, zwei mit 10,9-t-Werkstattwagen und eine mit 21,8-t-Werkstattwagen.

Links: Frühjahr 1942 – an der Ostfront versuchen Soldaten, ihren Opel-Blitz-Lastwagen durch den Schlamm zu schieben, was kein seltener Anblick war. Unterstützungsfahrzeuge standen, obwohl sie eine Notwendigkeit waren, bei der Zuweisung der Straßen an hinterer Stelle.

Eine typische Panzerdivision bestand 1940 aus Dutzenden verschiedener leichter und schwerer Unterstützungsfahrzeuge. Büssing NAG 500 A, Krupp-Protze Kfz. 81, 3 to-Lkw Ford Typ G917T, 3 to-Lkw Ford Typ 3000, Henschel 33 G 1, Opel-Blitz-Bus, Opel S-Typ Tankwagen Kfz. 385, Opel Blitz A-Typ Küchenwagen, Mannschaftswagen Kfz. 70, Horch 830 B, Tatra 57 K, Mercedes-Benz 320 Modell 1939, Mercedes-Benz L 1500 A, das österreichische Modell Steyr 640, die österreichische Serie 1500 A, Funkkraftwagen Kfz. 61, Sanitätskraftwagen 25H Kfz. 31 und der Skoda H 65T6-T waren nur einige der Fahrzeuge, die den Vormarsch der Panzerdivision durch Frankreich unterstützten.

Die Zahl der Transportfahrzeuge einer Division belief sich auf etwa 452 Kräder sowie 942 leichte und 1133 schwere Lastwagen. Jede Division stützte sich außerdem für das Ziehen von Artillerie und Anhängern auf Hunderte von Pferden, die allein schon viele Arbeitskräfte und Ressourcen erforderten und bereits im Polenfeldzug kaum in der Lage waren, die motorisierten Einheiten und Panzereinheiten zu versorgen. Die dort gemachten Erfahrungen zeigten, wie gefährlich die Lage werden konnte, wenn der Unterstützungstruppe die Versorgung der vordersten Einheiten einer Panzerdivision nicht gelang. Die Aufrechterhaltung des Angriffsschwungs war ein wesentlicher Faktor für den Erfolg, aber ohne den so wichtigen Nachschub – darunter Ersatzteile, Treibstoff, Munition und Verpflegung – war der gesamte Vormarsch gefährdet. Trotz solcher enormen logistischen Probleme gelang es der Unterstützungstruppe relativ erfolgreich, den Schwung aufrechtzuerhalten. Zu ernsthaften Schwierigkeiten kam es nur, wenn das Straßennetz schlecht war.

Gepanzerte Unterstützungsfahrzeuge

Neben den unterschiedlichen leichten und schweren Lastwagen und den vielen zivilen Fahrzeugen, die vom Heer für die Versorgung des Hauptvormarsches der Division herangezogen wurden, gab es einige gepanzerte Fahrzeuge für die Nahunterstützung der Panzerspitzen. Eines dieser Fahrzeuge war das Kfz. 1, der Volkswagen Typ 82. Dieser leichte geländegängige Mannschaftswagen war bei den Soldaten, die ihn fuhren, allgemein unter den Bezeichnungen Kübelwagen, Kübelsitzer oder einfach Kübel bekannt, die sich alle von Kübelsitzwagen ableiteten. Der Kübelwagen Typ 82 wurde in Serie hergestellt und im Zweiten Weltkrieg in einer Stückzahl von rund 55.000 umfassend eingesetzt. Dank seines luftgekühlten Motors eignete sich der Wagen sowohl für Einsätze in der sengenden Hitze Nordafrikas als auch in der arktischen Kälte an der Ostfront. Schnell, wendig, robust und für jedes Gelände geeignet, erwies sich der Kübelwagen als ein wirklich bemerkenswertes und äußerst zuverlässiges Fahrzeug, das nicht nur von der Infanterie, sondern auch von Offizieren verwendet wurde. Im Laufe des Krieges wurden verschiedene Ausführungen des Kübelwagens produziert, darunter ein Viersitzerwagen, ein Messtruppwagen mit vier Sitzen, ein Sanitätskraftwagen mit zwei Sitzen auf der linken Fahrzeugseite, ein Funkwagen mit drei Sitzen und sogar eine Halbkettenversion für die Fahrt auf Eisenbahnschienen.

Eine der populärsten Versionen des Kübelwagens war der leichte geländegängige Pkw Typ 166 Kfz. 1/20, der VW-Schwimmwagen. Das Fahrzeug verfügte über Allradantrieb und hatte einen bootähnlichen Körper mit über die ganze Länge laufenden Kotflügeln. Für die Wasserfahrt erfolgte der Antrieb durch eine ausklappbare dreiflügelige Schraube. Das Fahrzeug erreichte eine Spitzengeschwindigkeit von 6 Knoten im Wasser und 80 km/h an Land. 14.265 Schwimmwagen wurden zwischen 1942 und 1944 produziert. Einige von ihnen erhielten zum Schutz der Insassen vor Feuer aus Handfeuerwaffen einen zusätzlichen Panzerschutz.

Es waren aber noch weitere Fahrzeuge zur Nahunterstützung des Divisionshauptvorstoßes im Dienst. Zu ihnen zählten unter anderem zivile Fahrzeuge wie das zweitürige BMW 326-Cabriolet, der Wanderer W 50 und der Renault AHN Dreitonner-Lastwagen. Der Horch-Geländewagen, Opel Blitz S-Typ Dreitonner und der Steyr Typ 1500 A waren ebenfalls regelmäßig an der Frontlinie zu sehen. Wegen der zunehmenden Bedrohung durch feindliche Fliegerkräfte wurde ein großer Teil von ihnen mit einem Tarnanstrich versehen. Gegen Ende 1942 trat dann ein neuer Fahrzeugtyp bei den Panzerdivisionen in Erscheinung: ein für mehrere Zwecke an der Ostfront einsetzbarer Halbketten-Transportlastwagen. Der Lastwagen war eigens für die miserablen Fahrbahnbedingungen konzipiert, die für die Transportfahrzeuge auf ihrem Vormarsch eine ständige Plage waren. Aber trotz verschiedener Modifikationen und den verzweifelten Versuchen, sie gegen feindliche Angriffe zu tarnen, gingen mehr Unterstützungsfahrzeuge verloren als ersetzt werden konnten. Selbst mit Lastwagen und Motorfahrzeugen aus den Beutebeständen konnte die Versorgung der Fronttruppen nicht mehr sichergestellt werden. Ende 1944, als Treibstoff Mangelware war, wurde den Panzern, Halbkettenfahrzeugen und anderen ebenso wichtigen Kampffahrzeugen angesichts der schwindenden Vorräte der Vorrang gegeben. Vielen Unterstützungsfahrzeugen ging der Treibstoff aus und sie wurden für den Gegner zur leichten Beute.

Links: Eine Gruppe von Gebirgsjägeroffizieren der 3. Gebirgsjägerdivision in einem adaptierten Halbketten-Mannschaftswagen während des Vorstoßes von Nordfinnland nach Murmansk. Die Division blieb in diesem Abschnitt bis Herbst 1942, als sie schließlich in den Südabschnitt der Front verlegt wurde. Ende 1942 nahm sie am Entsatzversuch der 6. Armee bei Stalingrad teil. Alle Offiziere tragen die Bergmütze, die von allen Rängen der Gebirgsjäger, Skijäger und Jägereinheiten getragen wurde.

Rechts: Sommer 1941 – General Heinz Guderian mit seinem Stab bei einer Lagebesprechung während seines schwungvollen Vorstoßes als Teil der Heeresgruppe Mitte. Zur Linken Guderians steht ein leichter Horch-Kommandantenwagen. Das Fahrzeug mit dem Nummernschild WH 656652 ist am rechten Kotflügel mit einem frühen Muster des Wimpels für Generale und am linken Kotflügel mit der Kommandoflagge eines Panzergruppenkommandeurs ausgestattet. Im Hintergrund ist eine Kolonne von Panzerfahrzeugen zu sehen. Wegen der Hitze haben sich die auf dem Pz.Kpfw. III sitzenden Männer ihrer Hemden entledigt, nicht aber der schwarzen Panzerfeldmütze.

Unten: Juli 1943 – während des Unternehmens »Zitadelle« verpasst ein Besatzungsmitglied eines Horch-Geländewagens seinem Fahrzeug einen groben Anstrich. In dieser Kriegsphase verfügte eine Panzerdivision über 130 bis 180 Panzer, die in einem Panzerregiment mit zwei oder drei Bataillonen, einer Panzergrenadierbrigade und einem Artillerieregiment organisiert waren, sowie über rund 250 oder mehr Fahrzeuge in den Unterstützungseinheiten. Das war aber immer noch nicht ausreichend, denn selbst die Unterstützungseinheiten litten unter der enormen Fahrzeugknappheit – deshalb wurden zur Unterstützung des Angriffs im Kursker Frontbogen viele Beutefahrzeuge eingesetzt.

Oben: Sommer 1942, Kaukasus – ein Horch-Geländewagen Kfz. 15 von der 1. Gebirgsdivision mit einer Pak 35/36 am Haken. Die Versorgung der Truppen im gebirgigen Gebiet Südrusslands gestaltete sich besonders schwierig, vor allem weil die Unterstützungseinheiten permanent durch die Geländebeschaffenheit, enge Straßen und zunehmende Partisanenaktivität behindert wurden. Der abgebildete Horch-Wagen fährt über eine Brücke aus Fertigteilen. Dahinter ist ein Opel-Blitz-Lastwagen mit aufgesessenen Soldaten zu sehen.

Oben: Ein Unterstützungsfahrzeug kommt einem liegen gebliebenen Panzer zu Hilfe, der auf dem Schlachtfeld repariert werden muss. Der Kran wurde für das Heben oder Entfernen schwerer Teile benötigt. Durch die Reparatur der Panzer auf dem Schlachtfeld konnten sie schnellstmöglich wieder in den Kampf eingreifen, ihre Überführung in eigene Werkstätten dauerte zu lange. Während des Panzervormarsches durch die Wüste gab es einige unabhängige Bataillone, die über eine ausreichende Zahl von Instandsetzungskompanien verfügten. Ihnen hatte die Panzerwaffe einen großen Teil ihres Erfolgs zu verdanken.

Rechts: Südrussland 1942 – Soldaten eines Gebirgsregiments versuchen ein Unterstützungsfahrzeug flott zu bekommen, das in einen Graben gerutscht ist. Dieser Kraftakt hat die Aufmerksamkeit der Dorfbewohner auf sich gezogen, die das Ganze interessiert beobachten. Der Vormarsch einer Panzerdivision auf der Straße war ein gewaltiges Unternehmen, wenn man bedenkt, dass eine Panzerkolonne normalerweise eine Strecke von fast 112 km einnahm. Da Räderfahrzeuge auf Straßen nicht Vorrang hatten, wurden sie häufig zur Seite gedrängt, damit die Panzer durchstoßen konnten.

Oben: Die Mannschaft eines mittleren Horch-Geländewagens hat die Tiefe dieses schnell fließenden Flusses sichtlich unterschätzt. Wahrscheinlich ist der Motor im Wasser abgestorben, und es besteht keine Aussicht, dass er wieder anspringt, solange der Wagen nicht ins Trockene gebracht wird. Das Fahrzeug ist mit Vorräten schwer beladen, was die Sache noch schlimmer macht und der Mannschaft die Arbeit erschwert. Das taktische Zeichen am Fahrzeugheck gibt die Zugehörigkeit zu einer Fernmeldeeinheit an.

Unten: Russland 1943 – Angehörige der 4. SS-Division »Polizei« auf einem Zugkraftwagen mit einem Nachschubanhänger am Haken. Räderfahrzeuge mussten ins Gelände ausweichen oder wurden in den schlimmsten Abschnitten von Kettenfahrzeugen gezogen. Die Hauptstraßen waren dem Treibstoff- und Munitionstransport vorbehalten. Verpflegung und andere Vorräte wurden als zweitrangig erachtet. Sie wurden mit Räderfahrzeugen befördert, die oft stecken blieben oder zu Bruch gingen, sodass die erschöpften Fronttruppen Hunger litten und es ihnen auf dem Schlachtfeld am Notwendigsten fehlte.

Links: Sommer 1942, Südrussland – ein Horch Kfz. 15, das offenbar von Pionieren mit einer Fähre über den Fluss gebracht wurde, wartet nun am Ufer darauf, die Fahrt zusammen mit anderen Unterstützungsfahrzeugen fortsetzen zu können. Ein so kleiner Fluss war für die Deutschen kein großes Hindernis – andererseits war das Übersetzen von Männern und Fahrzeugen mittels Fähre immer ein gefährliches Unterfangen, besonders wenn diese dabei unter Beschuss gerieten. Die feindlichen Granaten mussten nicht einmal einen direkten Treffer landen, oft reichten die durch die Explosion erzeugten Wellen schon aus, um eine zu schwer beladene Fähre zum Kentern zu bringen.

Oben: Ende Sommer 1943, Südrussland – eine Kolonne von Horch-Geländewagen auf einer Straße unterwegs in westlicher Richtung. Je näher der Herbst und damit ein weiterer russischer Winter rückte, desto gedrückter und verzweifelter wurde die Stimmung unter den Wehrmachtssoldaten. Die Truppen befanden sich auf dem Rückzug, waren aber immer noch tief im Inneren der öden und unwirtlichen Sowjetunion, dem Gegner zahlenmäßig immer unterlegen und es fehlte ihnen permanent an Treibstoff und Munition.

Oben: Truppen zur Unterstützung der 1. Panzerarmee auf ihrem Vorstoß in den Kaukasus warten geduldig darauf, bis die lange Kolonne von Unterstützungsfahrzeugen die Fahrt fortsetzen kann. Inzwischen liest ein Soldat der 1. Gebirgsdivision eines der vielen am Baum angebrachten Schilder und Hinweise. Auf einer so engen Straße konnte schon ein einziges hängen gebliebenes oder kaputtes Fahrzeug die ganze Kolonne aufhalten.

Rechts: Winter 1943, Ostfront – Angehörige der Waffen-SS der Division »Das Reich« versuchen verzweifelt, einen im Schlamm stecken gebliebenen Panzerwagen flott zu bekommen. Gestorben sind die Männer im Osten zwar an der Kälte, ihren Geist und ihre Moral hat aber der Schlamm gebrochen. Auch die Elitetruppen der SS entkamen den verheerenden Schlammmassen nicht: Ganze Armeen kamen oft nur noch im Schneckentempo vorwärts und in manchen Gebieten sogar zum Stehen.

Oben: April 1941, Balkan – eine Kolonne verschiedener Unterstützungsfahrzeuge hält neben einem Fluss, vermutlich auf der Fahrt nach Süden Richtung griechische Grenze. Hitlers Blitzkrieg auf dem Balkan brachte einen weiteren leichten Sieg ein, verzögerte aber die Invasion in Russland um mindestens drei Wochen. Einer der Fahrer trägt aufgestülpte Fliegerbrillen, alle Männer tragen den feldgrauen Einheitsmantel des Heeres und die Feldmütze M38.

Unten: Ein Artillerieregiment mit Unterstützungsfahrzeugen in Polen 1939. Der Lastwagen links im Bild trägt ein Artilleriegeschütz. Das Befördern von Artillerie auf solchen Fahrzeugen war ziemlich ungewöhnlich: Für die Mannschaften, die die Geschütze mit Muskelkraft hinaufbefördern mussten, war diese Prozedur sehr zeitaufwändig. Die Geschütze wurden entweder mit Hilfe eines Krans oder über eine Rampe hinaufgezogen. Wie auch immer, es handelte sich jedenfalls um eine unkonventionelle Transportmethode, und ab 1940 wurden alle Artilleriegeschütze von Zugkraftwagen oder Pferden gezogen.

Oben: Balkanfeldzug, April 1941 – eine lange Kolonne von Pferdewagen und einige Lastwagen zieht während der Eröffnungsphase der Invasion hügelab. Wegen des gravierenden Mangels an motorisierten Transportfahrzeugen musste die Wehrmacht in großer Zahl bespannte Einheiten einsetzen, obwohl die Erfahrung gezeigt hatte, dass diese nicht mit den motorisierten Einheiten und Panzern mithalten konnten.

Unten: Russland – verschiedene Fahrzeuge, darunter Zugkraftwagen und Horch-Geländewagen, auf einem Feldweg. Sowohl Personenwagen als auch Lastwagen mussten im Gefolge der mechanisierten Kräfte Hunderte von Kilometern zurücklegen. Mit der Zeit kam es zu einer Überdehnung der Nachschublinien, und wenn der Treibstoff ausging oder mechanische Schäden auftraten, saßen die Fahrzeuge mitunter tagelang fest.

Links: Eine der vielen Brücken, die während des Polenfeldzugs von 1939 zerstört wurden. Hier hat eine Brückenbaueinheit eine neue Brücke errichtet, damit die Vorauseinheiten der Panzerwaffe ihren schnellen Vormarsch nach Osten fortsetzen können. Ein Pz.Kpfw. I fährt auf der Straße entlang, und im Hintergrund überquert ein Horch-Lastwagen die Brücke. In der frühen Kriegsphase rückten die deutschen Bodentruppen mit massiver Luftunterstützung in schnellem Tempo auf ihre Ziele vor und überrumpelten dabei die demoralisierte polnische Armee.

Oben: Während der Invasion in den Niederlanden errichten Pioniere eine Pontonbrücke über die Maas. Die deutschen Pioniereinheiten waren in der Lage, Pontonbrücken in kürzester Zeit zu bauen. Die Pionierlastwagen, die Pontonanhänger und anderes Brückengerät zogen, mussten unbedingt mit den vorderen Einheiten der Panzerspitzen Schritt halten. Diese Pontonbrücke war eine der ersten, die von Rommels 7. Panzerdivision über die Maas geschlagen wurde. Am Morgen des 14. Mai 1940 war die erste Pontonbrücke errichtet worden.

Links: Am 20. Mai 1940 überqueren Unterstützungsfahrzeuge eine gerade errichtete Maasbrücke. An den Gebäuden am Flussufer dahinter ist beträchtlicher Schaden zu erkennen. Der Vorstoß zur Maas vollzog sich so rasch, dass man stundenlang warten musste, bis die Pioniere mit ihren Unterstützungsfahrzeugen am Ufer eintrafen. Nach der erfolgreichen Überschreitung der Maas konnten die Panzerdivisionen der Heeresgruppe A mit voller Wucht Richtung Norden zur Kanalküste vorstoßen, was für die letzten noch einsatzfähigen britischen und französischen Kräfte verheerende Folgen hatte.

Oben: Horch-Wagen beim Überqueren einer 14,5-t-Pontonbrücke, die 1942 in Südrussland errichtet wurde. Die Brückenbaueinheiten folgten knapp hinter den Panzerspitzen, damit diese bei ihrem Vormarsch nicht an Schwung verloren, und waren mit Pontons, Kähnen und verschiedenen Flößen ausgerüstet, die sich für die Überbrückung der meisten Flüsse und Kanäle eigneten. Mitgeführt wurden auch Schwimmplattformen mit einer Tragfähigkeit von 4,5 bis 16 t.

Oben: Eine Kolonne von Opel-Blitz-Lastwagen und Horch-Geländewagen sowie ein Kradfahrer auf der Fahrt durch ein vom Feuer verwüstetes französisches Dorf. Die Fahrzeuge gehören dem 25. Panzerregiment der 7. Panzerdivision an, die unter dem Befehl von General Rommel stand. Seine Division war in schnellem Tempo durch das Waldgebiet der Ardennen vorgestoßen, und am 16. Mai 1940 waren die Panzereinheiten in Frankreich eingedrungen und setzten ihren Vormarsch nordwärts durch Wälder und Dörfer fort. Der gute Zustand französischer Straßen wie dieser hier trug erheblich zum raschen Vormarschtempo der deutschen Panzer bei.

Links: Russland – ein Opel-Blitz-Lastwagen auf einer überfluteten Straße. Eine typische Panzerdivision umfasste 1940 einschließlich der Versorgungstruppe fast 3000 Motorfahrzeuge und beinahe so viele Männer wie eine Infanteriedivision (14.000 zu 17.000). Fast drei Viertel der Männer mussten transportiert werden, und diese Aufgabe fiel den vielen Hunderten Unterstützungsfahrzeugen zu. Für die Organisation des Transports war der Divisionsstab zuständig, der auch für Instandsetzung, Rationierung, Munition, Nachschub, medizinische Versorgung, Hygiene und sanitäre Anlagen verantwortlich war.

Oben: Dieses Pferd wird vermutlich beschlagen, wie am Schild links zu erkennen ist. 1942 war die Wehrmacht an der Ostfront von fast 1.000.000 Pferden abhängig. Während des Krieges mit Russland starben aber im Durchschnitt pro Tag etwa 1000 Tiere. Es war daher ein enormer Organisationsaufwand nötig, um diese Tiere schnell zu ersetzen, und diese Aufgabe fiel den ohnehin bereits überlasteten Unterstützungsdiensten zu. Aus dem ganzen von deutschen Truppen besetzten Europa sowie den okkupierten Gebieten der Sowjetunion brachten lange Fahrzeugkolonnen neue Pferde, um die ständigen Verluste auszugleichen.

Links: Russland 1942 – diese beiden schlafenden Soldaten tragen das Sanitäterabzeichen, der Äskulapstab auf einem Kreis aus dunklem Blaugrün. Zur Erkennung von Soldaten mit einer spezifischen militärischen Funktion oder Ausbildung in einem bestimmten Beruf wurden bei den deutschen Streitkräften spezielle Abzeichen eingeführt. Obwohl einige Sanitätereinheiten wie hier mit Pferdewagen fahren mussten, war der Sanitätskraftwagen 25H Kfz. 31 bei der Unterstützungstruppe häufig anzutreffen.

Oben: Südrussland – Soldaten eines Gebirgsjägerregiments versuchen unter extremen Schwierigkeiten Nachschub auf einem unbefestigten Weg vorwärts zu bewegen. Einige Soldaten haben die Straße freigeschaufelt, um die Oberfläche möglichst eben zu machen. Die Besatzung eines Sd.Kfz. 7 sieht den Kameraden zu, wie sie sich mit ihrem Nachschubwagen abmühen. Das Vorwärtskommen durch solches Gelände war sehr zeitaufwändig, und ein kurzer Regenguss reichte schon aus, um die Fahrzeuge im Schlamm versinken zu lassen.

Oben: Juli 1943 – vor dem Unternehmen »Zitadelle« haben diese Soldaten ein vorübergehendes Lager aufgeschlagen und sind mit ihrem Opel-Blitz-Lastwagen sowie einem Sd.Kfz. 251 unter den Bäumen in Deckung gegangen. Beide Fahrzeuge scheinen schwer mit Vorräten beladen zu sein. Planen aus Leinwand sind über den Kampfraum des Halbkettenfahrzeugs gebreitet, vermutlich um die Männer in der Nacht vor Regen und Kälte zu schützen.

Unten: Das Gelände an der Ostfront war für schwer beladene Nachschubfahrzeuge oft gefährlich. Hier ist ein überladener Opel-Blitz-Lastwagen über einen Hang hinunter gerutscht und in ein anderes Fahrzeug gekracht. Vorratskisten liegen am Boden verstreut. Zwei Besatzungsmitglieder eines Halbkettenfahrzeugs Sd.Kfz. 7 begutachten den Schaden. Einer der Männer schaut ins Fahrerhaus, vermutlich um nachzusehen, ob es Tote oder Verletzte gibt.

Links: Am Morgen des 22. Juni 1941 und nur Stunden nach dem ersten Angriff über die russische Grenze stehen Unterstützungsfahrzeuge bereit für ihre anstrengende Aufgabe, die Versorgung der Panzergruppe II auf ihrem Vormarsch. Diese Straße befindet sich knapp westlich des Bugs, wo beide Brücken südlich von Brest-Litowsk beim ersten Panzeransturm noch intakt waren und kampflos eingenommen wurden. Ein Henschel- und mehrere Opel-Blitz-Lastwagen ziehen Anhänger mit Pontonbrückenteilen. Pontonbrücken waren für jede Panzerdivision von wesentlichem Wert und wurden von einer gut ausgebildeten Brückenbaueinheit in nur wenigen Stunden errichtet.

Oben: Ein Opel-Blitz-Küchenwagen ist für den Transport in den Normandieabschnitt im Juni 1944 auf einen Zug verladen worden. In dieser Kriegsphase ließen sich Fahrzeuge am schnellsten auf dem Schienenweg von einer Kampffront zur nächsten befördern. Diese Methode war aber auch sehr gefährlich, weil Züge Luftangriffen ausgesetzt waren, deshalb erfolgte der Transport normalerweise nur im Schutz der Dunkelheit. Die meisten Soldaten tragen die neue Einheitsfeldmütze. Sie wurde im Juni 1943 eingeführt und wurde zur häufigsten Kopfbedeckung bei den gesamten deutschen Streitkräften.

Links: Sommer 1942, Südrussland – Opel-Blitz-Lastwagen, leichte Horch-Wagen und ein Zugkraftwagen mit einer sFH 18 am Haken auf einer staubigen Straße. Diese Fahrzeuge gehören zum XLIX. Korps der Heeresgruppe B, die eine der zwei neuen aus der früheren Heeresgruppe Süd hervorgegangenen Armeen war. Das XLIX. Korps stieß Richtung Süden vor, um die sowjetischen Ölfelder von Baku einzunehmen, doch das Kaukasusgebirge versperrte den Zugang zum weit entfernten Ziel. Diese Einheit hatte den Befehl, die Gebirgspässe vor Wintereinbruch zu erreichen.

Oben: Italien 1943 – ein Soldat lässt sich mit seinem Halbkettenfahrzeug fotografieren. Ein Halbkettenfahrzeug richtete viel weniger Schäden auf den Straßen an als Panzer und stand bei der Fahrt im Gelände dem Vollkettenfahrzeug kaum nach. Das Halbkettenfahrzeug wurde zum Ziehen von Artillerie eingesetzt oder für das Tragen von Flugabwehrkanonen umgebaut und steigerte auch die Kampfkraft der Panzerdivisionen. Die Vielseitigkeit der Halbkettenfahrzeuge – ob zum Munitionstransport, zum Kabellegen, Verwundetentransport oder auch in der Artilleriebeobachtung – brachte aber auch wieder Probleme mit sich, denn die Nachfrage konnte kaum befriedigt werden.

Oben: Während der Eröffnungsphase der Invasion in Russland sind verschiedene Fahrzeuge und Seitenwagenmaschinen der unter dem Befehl von General Heinz Guderian stehenden Panzergruppe II in eine Stadt eingefahren. Wahrscheinlich gehören sie zu Guderians Unterstützungseinheiten, denn die Stadt, die Schauplatz schwerer Kämpfe war, war schon vorher von den Vorauskolonnen der Panzergruppe eingenommen worden. Innerhalb weniger Stunden nach dem ersten Blitzangriff hatten Guderians Einheiten das Gebiet gesichert. Diese schnellen Panzerdurchbrüche bereiteten jedoch dem Kommandeur Sorgen wegen einer Überdehnung der Nachschublinien.

Oben: Winteranfang 1942 – ein Sd.Kfz. 6 hält auf einer schlammigen Straße, um einen Kommandantenwagen aus dem Morast zu ziehen. Durch die getrocknete Schlammschicht auf dem Halbkettenfahrzeug sind keine Kennzeichen zu sehen. Im Vordergrund eine sowjetische 4,5-cm-Pak Modell 1932 L/60, die von der russischen Armee auf dem Rückzug liegen gelassen wurde. Ihr Einsatzgewicht betrug 510 kg, sie feuerte 1,43-kg-Granaten, die auf eine Entfernung von 1000 m mit Leichtigkeit 38 mm Panzerstahl mit einer Neigung von 30 Grad durchschlagen konnten. Sie wurde von der Roten Armee den ganzen Krieg hindurch verwendet.

Rechts: Ein Halbkettenfahrzeug mit einer Flak 8,8 am Haken fährt an einer gut eingegrabenen Flakstellung in Russland vorbei, 1942. Das Halbkettenfahrzeug führte verschiedenste Aufgaben durch und wurde zu einem fixen Bestandteil des Wehrmachtsarsenals. Es unterstützte oft den Panzervorstoß, beförderte Truppen, zog Artillerie, Munition und anderen wichtigen Nachschub. Während des Gefechts wirkte es auch mit Panzern, Artillerie und Sturmgeschützen von Wehrmacht und Waffen-SS zusammen.

Unten: Juni 1944, Normandie – eine deutsche Einheit auf dem Rückzug. Diese Stadt wurde vermutlich durch schwere alliierte Luftbombardements unmittelbar vor der Operation »Overlord« verwüstet. Fahrzeugmassen strömen durch die schwelenden Ruinen, in dem vergeblichen Versuch, einen sichereren Ort zu finden. Insgesamt wurden auf deutscher Seite rund 400.000 Mann für die Kämpfe in der Normandie eingesetzt, weitere 250.000 verblieben in der 15. Armee in Erwartung der Invasion im Pas de Calais. Innerhalb eines Kampfmonats hatte die Heeresgruppe B 80.783 Verluste erlitten und Hunderte von Panzern, Geschützen auf Selbstfahrlafetten und Unterstützungsfahrzeugen verloren.

Oben: Auf dem Rückzug durch Russland zieht eine Kolonne aus Pferdewagen und Infanterie an verschiedenen zerstörten Waffen und einem toten Pferd vorüber. In dieser Kriegsphase waren alle Reserven aufgebraucht und die Panzerwaffe war jetzt nur noch ein Schatten ihrer selbst. Was davon noch übrig war, wurde in lose organisierten und oft bunt zusammengewürfelten Einheiten zusammengefasst. Als die logistischen Probleme zunahmen, wurden viele Panzer und Sturmgeschütze wegen der unzureichenden Treibstoffversorgung nutzlos. Folglich war die Panzerwaffe in einigen Abschnitten gezwungen, ihre Ketten- oder Räderfahrzeuge stehen zu lassen und stattdessen entweder zu Fuß oder zu Pferd weiter vorzurücken. Das letzte Kriegsjahr war für die Panzerwaffe ein katastrophales Jahr.

Rechts: Polen, Ende 1944 – auf dem langsamen Marsch nach Westen in Richtung Heimat folgt ein Sd.Kfz. 7 mit einer gezogenen Pak einem Pferdewagen auf einer schlammigen Straße. In den letzten Tagen von 1944 gab es abgesehen von ein paar intakten Panzereinheiten kaum noch mobile Kräfte, die den sowjetischen Ansturm aufhalten konnten. Über viele Kilometer erstreckt sich der Strom aus Panzerkräften und Tausenden flüchtender Zivilisten durch ein verwüstetes und vernarbtes Ödland Richtung Westen. Das Ende stand bevor.

Deutsche Panzerverbände zwischen 1939 und 1945

Panzerbestände 1935–1939

Die unten stehenden Panzerbestände zeigen die mit jeder Division wachsende Stärke der Panzerwaffe von 1935 bis kurz vor der Invasion in Polen 1939.

Panzer

	Pz.Kpfw. I	Pz.Kpfw. II	Pz.Kpfw. III	Pz.Kpfw. IV	Pz.Kpfw. 35(t)	Pz.Kpfw. 38(t)	Leichte Bef.Wg.	Schwere Bef.Wg.
1. Aug. 1935	318							
1. Jan. 1936	720							
1. Juni 1936	1065							
1. Okt. 1936	1212	5					40	
1. Mai 1937	1411	115					72	
1. Okt. 1937	1468	238	12				163	
1. Jan. 1938	1469	314	23	3			180	
1. April 1938	1468	443	43	30			180	
1. Juli 1938	1468	626	56	46			180	
1. Okt. 1938	1468	823	59	76			180	2
1. März 1939	1446	1094	60	137			180	30
1. Sept. 1939	1445	1223	98	211	202	78	180	35
1. September 1939 mit Feldarmee	1026	1151	87	197	164	57	177 Befehlswagen insgesamt	
mit Reserven	260	67	11	11	34	5	20 Befehlswagen insgesamt	

Die deutschen Panzerkräfte

Wehrmacht
1. bis 27. Panzerdivisionen
116. Panzerdivision
178. (Reserve-)Panzerdivision
179. (Reserve-)Panzerdivision
223. (Reserve-)Panzerdivision
233. Panzerdivision
273. (Reserve-)Panzerdivision
Panzerdivision »Clausewitz«
Panzerdivision »Feldherrnhalle 1«
Panzerdivision »Feldherrnhalle 2«
Panzerersatzbrigade »Großdeutschland«
Panzerdivision »Holstein«
Panzerdivision »Jüterbog«
Panzerdivision »Müncheberge«
Panzerdivision »Norwegen«
Panzerdivision »Schlesien«
Panzerdivision »Tatra«
Panzerlehrdivision
Panzerdivision »Hermann Göring«
101. bis 113. Panzerbrigade
Panzerbrigade »Norwegen«
Panzerbrigade »Oberschlesien«
Schnelle Panzerbrigade »West«
Panzerjägerbrigade »West«
Fallschirm-Panzer-Ersatz- und Ausbildungs-Brigade »Hermann Göring«
Fallschirm-Panzer-Ersatz- und Ausbildungs-Brigade 2 »Hermann Göring«

Waffen-SS
1. SS-Panzerdivision »Leibstandarte SS Adolf Hitler«
2. SS-Panzerdivision »Das Reich«
3. SS-Panzerdivision »Totenkopf«
5. SS-Panzerdivision »Wiking«
9. SS-Panzerdivision »Hohenstaufen«
10. SS-Panzerdivision »Frundsberg«
12. SS-Panzerdivision »Hitlerjugend«
26. SS-Panzerdivision
27. SS-Panzerdivision
28. SS-Panzerdivision
SS-Panzerbrigade »Groß«

Gliederung der Panzereinheiten

1938

Die innere Struktur des Panzerregiments unterlag im Verlauf des Krieges einem ständigen Wandel. So sah die Gliederung eines Panzerregiments ab 1. Oktober 1938 aus:

Regimentsstab
Panzerbefehlstrupp (2 Pz.Bef.Wg. und 1 Pz.Kpfw. III)
Panzernachrichtenzug (5 Pz.Kpfw. II)
2 Abteilungen jeweils mit:
Stabskompanie Pz.Abt.
Panzernachrichtenzug
(2 Pz.Bef.Wg. und 1 Pz.Kpfw. III)
Panzernachrichtenzug (5 Pz.Kpfw. II)
Leichter Panzerzug (1 Pz.Kpfw. IV, 3 Pz.Kpfw. III, 2 Pz.Kpfw. II)
3 Leichte Panzerkompanien jeweils mit:
Kompanietrupp (2 Pz.Kpfw. III)
Leichter Zug (5 Pz.Kpfw. II)
1.-3. Zug (jeweils 5 Pz.Kpfw. III)
Die mittleren Panzerkompanien bestanden aus:
Kompanietrupp (2 Pz.Kpfw. III)
Leichter Zug (5 Pz.Kpfw. II)
1.-3. Zug (jeweils 5 Pz.Kpfw. IV)
Zusätzlich gab es eine folgendermaßen gegliederte Ersatzkompanie:
1. Zug (1 Pz.Kpfw. I, 1 Pz.Bef.Wg. und 5 Pz.Kpfw. I)
2. Zug (3 Pz.Kpfw. II)
3. Zug (3 Pz.Kpfw. III)
4. Zug (3 Pz.Kpfw. IV)

1939

Es folgt die typische Gliederung einer Panzerdivision bei Kriegsbeginn 1939, die bis kurz nach der Invasion in Frankreich beibehalten wurde.

1 Panzerbrigade
2 Panzerregimenter mit jeweils:
2 Panzerabteilungen mit je:
2 leichten Panzerkompanien
1 gemischten Panzerkompanie
Leichte Kolonne Pz.Abt.
1 Panzer-Werkstattkompanie
Schützenbrigade
(4. und 5. Pz. hatten keinen Schützenbrigadestab)
1 Schützenregiment (mot.) mit
2 Bataillonen mit je:
2 Schützenkompanien
(mit je 9 leMG, 2 sMG, 3 5-cm-Granatwerfer)
1 Kradschützenkompanie
(mit 9 leMG, 2 sMG, 3 5-cm-Granatwerfer)
1 Krad-MG-Kompanie
(8 sMG, 6 8-cm-Granatwerfer)
1 Infanteriekolonne (mot.)
1 Kradschützenbataillon mit
3 Kradschützenkompanien (mit je 9 sMG, 2 leMG, 3 5-cm-Granatwerfer)
1 Krad-MG-Kompanie (8 sMG und 6 8-cm-Granatwerfer)
1 Schwere Kompanie
1 Panzerabwehrzug (mot.) (3 3,7-cm-Pak 36)
1 Infanteriegeschützzug (mot.) (2 7,5-cm-leIG)
1 Pionierzug (mot.)
1 Aufklärungsabteilung (mot.) mit
2 Panzer-Spähschwadronen
1 Kradschützenschwadron (9 leMG, 2 sMG und 3 5-cm-Granatwerfer)
1 Schwere Kradschützenschwadron (8 sMG und 6 8-cm-Granatwerfer)
1 Nachschubkolonne
1 Panzerabwehr-Abteilung (mot.) mit
(4. und 5. Pz.Div. hatten 2 Panzerjäger-Btl.)
3 Panzerabwehrkompanien (mot.) (12 3,7-cm-Pak 36)
1 schwere MG-Kompanie (mot.)
(nicht in 2. und 5. Pz.Div.) (12 2-cm-Flak)
1 Artillerieregiment (mot.)
1 schwere Artillerieabteilung (mot.) mit
2 Batterien (mot.) (je 4 15-cm-sFH)
1 Batterie (mot.) (4 10-cm-Geschütze)
1 leichte Artillerieabteilung (mot.) mit 3 Batterien (mot.) (je 4 10,5-cm-leFH 18)
(der 2. Pz.Div. wurden 1 leichte und 1 schwere Artillerieabteilung zugeteilt, die schwere mit 15-cm-Haubitzen)
1 Pionierbataillon (mot.) mit
3 leichten Pionierkompanien (mot.) (je 9 leMG)
1 Brückenkolonne K oder B (mot.)
1 leichten Pionierkolonne (mot.)
(4. Pz. hatte 1 Pionierkolonne, 1 Brückenkolonne, 1 Pionierkolonne (mot.). 5. Pz. wie 4. Pz. nur mit 2 Pionierkolonnen)
1 Nachrichtenabteilung (mot.)
1 Funkkompanie (mot.)
1 Nachrichtenkompanie (mot.)
1 leichte Nachrichtenkolonne
Sanitätsdienste
2 Sanitätskompanien (mot.)
3 Krankenkraftwagenzüge
Nachschubdienste
6 kleine Kraftwagenkolonnen
3 große Kraftwagenkolonnen für Betriebsstoff
2 Werkstattkompanien (mot.)
1 Nachschubkompanie (mot.)
Verwaltungsdienste
1 Bäckerei-Kompanie (mot.)
1 Schlächterei-Zug (mot.)
Verpflegungsamt (mot.)
Sonstiges
1 Feldgendarmerie-Trupp (mot.)
1 Feldpostamt (mot.)

1941

Die Gliederung einer Panzerdivision sah 1941 folgendermaßen aus:

1. Panzerdivision
1. Panzerregiment
1 Panzernachrichtenzug
1 leichter Panzerzug
1 Musikkorps
1 Panzer-Instandsetzungskompanie (mot.)
2 Panzerbataillone mit jeweils
1 Stabskompanie (2 Pz.Bef.Wg. III und 5 Pz.Kpfw. II)
1 mittelschwere Panzerkompanie (14 Pz.Kpfw. IV und 5 Pz.Kpfw. II)
2 leichte Panzerkompanien (mit je 17 Pz.Kpfw. III und 5 Pz.Kpfw. II)
1 Panzer-Instandsetzungskompanie
1 leichte Panzer-Nachschubkolonne (mot.)
1. Schützenbrigade
1. und 113. Schützenregiment mit jeweils:
1 Stab (mot.) mit
1 Nachrichtenzug (mot.)
1 Pionierzug (mot.) (3 leMG)
1 Kradschützenzug
1 Musikkorps
2 Bataillone mit jeweils
3 Schützenkompanien (mit jeweils 18 leMG, 2 sMG, 3 5-cm-Granatwerfer)

1944

1944 war eine Panzerdivision folgendermaßen gegliedert:

Regimentsstab und Stabskompanie
Stab
Stabskompanie (3 Panther (Sd.Kfz. 171) mit 7,5-cm-KwK 42 L/70)
Aufklärungszug (5 Panzer IV (Sd.Kfz. 161/2 mit 7,5-cm-KwK 40 L/48)
Bataillon und Stab und Stabskompanie
(Panzer-IV-Bataillon)
Stab
Stabskompanie
3 Panzer IV mit 7,5-cm-KwK 40 L/48 (Sd.Kfz. 161/2)
2 Sd.Kfz. 251/8
Aufklärungszug
5 Panzer IV mit 7,5-cm-KwK 40 L/48 (Sd.Kfz. 161/2)
Aufklärungs- und Pionierzug
3 Sd.Kfz. 3 oder 3 to Lkw
3 Sd.Kfz. 251/7 Halbkettenfahrzeuge
Flak-Zug
3 2-cm-Flak-Vierlinge
3 Sd.Kfz. 7/1 Halbkettenfahrzeuge
Bataillonsstab und Stabskompanie (Panther-Bataillon)
Stab
Stabskompanie
3 Panther (Sd.Kfz. 171) mit 7,5-cm-KwK 41 L/70
2 Sd.Kfz. 251/8
Aufklärungszug
5 Panther (Sd.Kfz. 171) mit 7,5-cm-KwK 41 L/70
Aufklärungs- und Pionierzug
3 Sd.Kfz. 3 oder 3 to Lkw
3 Sd.Kfz. 251/7 Halbkettenfahrzeuge
Flak-Zug
3 2-cm-Flak-Vierlinge
3 Sd.Kfz. 7/1 Halbkettenfahrzeuge
Mittelschwere Panzerkompanie (17 Panzer)
Stab
2 Panther (Sd.Kfz. 171) mit 7,5-cm-KwK 42 L/70
oder 2 Pz.Kpfw. IV (Sd.Kfz. 161/2) mit 7,5-cm-KwK 40 L/48
oder 2 Pz. IV/70 A mit 7,5-cm-KwK 42 L/70
1.-4. Zug
5 Panther (Sd.Kfz. 171) mit 7,5-cm-KwK 42 L/70
oder 5 Pz.Kpfw. IV (Sd.Kfz. 161/2) mit 7,5-cm-KwK 40 L/48
oder 5 Pz. IV/70 A mit 7,5-cm-KwK 42 L/70

1945

Im März 1945 wurde mit der Einführung der Panzerdivision Typ 45 die letzte Umorganisation der Panzerdivisionen vorgenommen, bei der die noch verbliebenen Kräfte der Panzerwaffe neu organisiert wurden. Die Gliederung Typ 45 sah folgendermaßen aus:

Divisionsstab (insgesamt 420 Mann)
1 Divisionsstab (2 leMG)
1 Kartenstelle (mot.)
1 Feldgendarmerietrupp (mot.) (5 leMG)
1 Divisions-Begleitkompanie (mot.)
1 Kradmeldezug (6 leMG)
1 Panzergrenadierzug (mot.) (2 sMG, 6 leMG und 2 8-cm-Granatwerfer)
1 Flak-Zug (auf Selbstfahrlafette: 4 2-cm-Flak)
Gemischtes Panzerregiment (insgesamt 1361 Mann)
1 Stab Panzerregiment (126 Mann: 6 leMG und 2 7,5-cm-KwK)
1 Stabszug
1 Stabs-Nachrichtenzug
1. (Panzer) Bataillon (insgesamt 767 Mann)
Stab (1 leMG)
Stabskompanie (12 leMG)
Stabszug

Panzerpionierzug
2 Panzerkompanien (mit je 10 Pz.Kpfw. IV)
2 Panzerkompanien (mit je 10 Pz.Kpfw. V)
1 Panzer-Flakkompanie
1 Panzer-Flakzug (8 3,7-cm-Flak 43 und 8 leMG)
1 Flakzug auf Selbstfahrlafette (3 2-cm-Flak-Vierlinge)
1 Panzer-Instandsetzungskompanie (1 leMG)
1 Panzer-Nachschubkompanie (mot.) (3 leMG)

2. (Panzergrenadier) Bataillon (insgesamt 488 Mann)
1 Panzerstab (4 leMG)
1 Panzer-Stabskompanie (7 leMG und 6 7,5-cm-Pak 40)
3 Panzergrenadierkompanien (mit jeweils 21 leMG, 3 Sd.Kfz. 251/21 mit 20-mm-MG-Drilling und ein Sturmzug mit Sturmgewehr 44)
1 schwerer Geschützzug (7 7,5-cm-KwK und 1 leMG)
1 Nachschubkolonne (mot.) (1 leMG und 3 Panzerschreck)

2 Panzergrenadierregimenter (mot.) mit jeweils
1 Stab (mot.) (insg. 48 Mann, 3 Panzerschreck)
1 Stabskompanie (4 leMG)
1 Nachrichtenzug
1 Kradmeldezug (4 leMG)
1 Kampfabteilung (mot.)

2 Panzergrenadierbataillone (mot.) (insgesamt 117 Mann)
Stab (mot.) (3 Panzerschreck)
3 Panzergrenadierkompanien (jeweils 117 Mann pro Kompanie; 12 leMG, 3 Panzerschreck und 1 Sturmzug mit Sturmgewehr 44)
1 MG-Kompanie (121 Mann; 8 sMG, 6 2-cm-Flak und 1 leMG)
1 schwere Kompanie (mot.) (127 Mann)
mittelschwerer Granatwerferzug (8 8-cm-Granatwerfer und 6 leMG)
schwerer Granatwerferzug (4 12-cm und 2 leMG)
1 Nachschubkolonne (mot.) (77 Mann, 2 leMG und 3 Panzerschreck)
1 schwere Infanteriegeschützkompanie (mot.) (102 Mann, 4 15-cm-sIG)
1 Pionierkompanie (mot.) (144 Mann, 9 leMG und 9 Panzerschreck)

Panzeraufklärungsbataillon (648 Mann)
1 Stab (mot.) (1 leMG und 1 2-cm-KwK)
1 gemischte Panzeraufklärungskompanie (10 7,5-cm-KwK, 2 Sd.Kfz 251/21 mit 20-mm-MG-Drilling, 8 2-cm-KwK, 18 leMG)
2 leichte Aufklärungskompanien (mot.) (Volkswagen) (mit je 4 sMG, 9 leMG und 2 8-cm-Granatwerfer)
1 Nachschubkompanie (mot.) (1 leMG)

Gemischtes Panzerjägerbataillon (522 Mann)
Stab und Stabskompanie (2 Jagdpanzer und 1 leMG)
2 Jagdpanzerkompanien mit jeweils:
1 Panzergrenadier-Begleitzug (10 Jagdpanzer und 10 leMG)
1 Panzerjägerkompanie (auf Selbstfahrlafette) (9 7,5-cm-Pak und 1 leMG)
1 Nachschubkompanie (mot.)

Panzerartillerieregiment (1367 Mann)
1 Stab Panzerartillerieregiment und Stabsbatterie (2 leMG)

1. Panzerabteilung (auf Selbstfahrlafette)
1 Stab und Batterie (auf Selbstfahrlafette) (2 leMG und 3 2-cm-Gebirgs-Flak)
2 leichte Batterien (auf Selbstfahrlafette) mit 10,5-cm-Kanonen (6 10,5-cm-leFH, Sd.Kfz. 124 Wespe, und 4 leMG)
1 schwere Batterie (auf Selbstfahrlafette) mit 15-cm-Kanonen (6 15-cm-sFH, Sd.Kfz. 165 Hummel, und 4 leMG)

2. Abteilung (mot.)
1 Stab und Batterie (mot.) (2 leMG und 3 2-cm-Gebirgs-Flak)
2 leichte Batterien mit 10,5-cm-Kanonen (mit je 10,5-cm-leFH 18 und 5 leMG)

3. Abteilung (mot.)
1 Stab und Batterie (mot.) (1 Sd.Kfz. 251, 3 Artilleriebeobachtungsfahrzeuge mit 3 leMG und 3 2-cm-Gebirgs-Flak)
2 schwere Batterien (mit je 4 15-cm-sFH 18 und 4 leMG)
1 Batterie 10 cm (4 10-cm-K 18 und 4 leMG)

Heeres-Flakartillerieabteilung
1 Stab Flakabteilung (mot.) und Stabsbatterie (2 leMG)
2 schwere Flak-Batterien (mot.) (mit jeweils 6 8,8-cm, 3 2-cm und 2 leMG)
1 leichte Flak-Batterie (mot.) (9 3,7-cm-Flak 43 und 3 2-cm-Flakvierling auf Selbstfahrlafette)

Panzerpionierbataillon (716 Mann)
1 Stab Pionierbataillon (9 leMG)
1 Stabs- und Nachschubkompanie (mot.) (4 leMG)
1 Brückenkolonne
2 Pionierkompanien (mot.) (mit je 2 sMG, 18 leMG, 2 8-cm-Granatwerfer)
1 Panzerpionierkompanie (19 leMG und 2 sMG)

Panzernachrichtenabteilung (378 Mann)
1 Stab (mot.)
1 Panzer-Fernsprechkompanie (11 leMG)
1 Panzer-Funkkompanie (19 le MG)
1 Panzer-Nachrichtenkolonne (mot.) (2 leMG)

Feldersatzbataillon (173 Mann)
4 Kompanien (50 leMG, 12 sMG, 6 8-cm-Granatwerfer, 2 12-cm-Granatwerfer, 1 2-cm-Flak, 2 Flammenwerfer und 1 10,5-cm-leFH)

Versorgungstruppe (702 Mann)
1 Regimentsstab und Stabskompanie
4 Transportkompanien 120 to (mot.) (mit je 4 leMG)
3 Transportschwadronen 30 to (mit je 2 leMG)
1 Waffen-Instandsetzungskompanie (2 leMG)

Fahrzeug-Instandsetzungstruppe (277 Mann)
2 Instandsetzungskompanien (mot.) (jeweils 2 leMG)
1 Instandsetzungs-Nachschubkolonne 75 to

Verwaltungsdienste (206 Mann)
Verwaltungskompanie (mot.) (3 leMG)
1 Bäckerei-Zug (mot.)
1 Schlächterei-Zug (mot.)
1 Verwaltungs-Zug (mot.)

Sanitätseinheiten (344 Mann)
1 Sanitäts-Kompanie (mot.) (2 leMG)
1 Krankenkraftwagenkompanie (1 leMG)

NAMENREGISTER